計劃一下
享受一個輕巧自在的
悠哉小旅行

ことりっぷ co-Trip
小伴旅

金澤
北陸

讓我陪你去旅行
一起遊玩好EASY～

走♪我們出發吧

抵達金澤後…

終於到金澤了。

那麼，接下來要做什麼呢？

漫步茶屋街、
接觸現代藝術、
或是泡個熱呼呼的溫泉。

第一站要造訪的是金澤的地標，兼六園。充分感受加賀百萬石的優雅風情後，還可試試穿上加賀友禪到武家宅邸散步。前往能充分刺激感性的金澤21世紀美術館也是不錯的選擇。傍晚時分漫步在茶屋街也很有意境，或是奢侈地享受溫泉之樂。

泡在露天浴池裡眺望外面景色，旅途的疲憊也就一掃而空了。 🖼 P.98

欣賞日本庭園的同時細細品味抹茶。
🖼 P.56

走在長町武家宅邸一帶，好像隨時會遇見武士。 🖼 P.44

音色優美的三味線。華燈初上後的東茶屋街也很漂亮。 🖼 P.32

穿著和服上街也別有一番風情。
🖼 P.44・54

抵達金澤後…

要吃點什麼呢？

到老舖料亭品嘗懷石料理。
加賀野菜及現捕現撈的海鮮。
町家咖啡廳的和風甜點也很推薦喔。

提到金澤，馬上就讓人聯想到傳統的加賀料理、日本海的新鮮海產、看起來充滿美感的和菓子等，想吃的東西一籮筐。午餐就到老舖料亭享用懷石料理，晚上則推薦品嘗使用加賀蔬菜的法國菜。就連改裝自町家的酒吧和咖啡廳，也能感受濃濃的古都風情。

在町家咖啡廳自在您喜歡地享用甜點，擁有舒適好心情。 ☞ P.34

想要大啖海鮮的人絕不可錯過的海鮮蓋飯。 ☞ P.48

check list

- ☐ 和風甜點 ☞ P.34
- ☐ 金澤咖哩 ☞ P.49
- ☐ 加賀料理 ☞ P.64
- ☐ 壽司 ☞ P.68
- ☐ 加賀蔬菜 ☞ P.74
- ☐

要買些什麼呢？

漆器、九谷燒與加賀友禪。
吸油面紙也很有人氣。
優雅的和菓子也很適合當伴手禮送人。

金澤是傳統工藝之都。九谷燒的茶杯和加賀友禪花樣的小物等和風雜貨都很吸引人。或是買吸油面紙送給朋友也不錯。另外，身為茶道盛行之地所以和菓子店也很多。以優質水釀造而成的特產酒和珍味，也都是相當推薦的伴手禮選項。

看起來很美的金澤和菓子，是送禮的熱門選擇。 ☞ P.80

買個平常可使用的九谷燒器皿送給自己也不錯。 ☞ P.83

check list

- ☐ 友禪花樣的小物 ☞ P.60
- ☐ 甘納豆かわむら的季節だより ☞ P.80
- ☐ 九谷燒的小碟 ☞ P.83
- ☐ 美味的特產酒 ☞ P.86
- ☐ 俵屋的次郎飴 ☞ P.87
- ☐

到金澤玩3天2夜

以下介紹集結滿滿金澤魅力的範例行程。
2天1夜在金澤市區充分觀光後，再前往近郊的溫泉感受悠閒。
再也沒有比這更奢侈的週末享受了

第1天

11:00

先將行李寄放在飯店。

JR金澤站出發
邊讚嘆覆蓋在東口的玻璃
巨蛋邊往巴士總站前

12:00

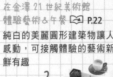

在金澤21世紀美術館
體驗藝術&午餐 P.22
純白的美麗圓形建築物讓人
感動，可接觸體驗的藝術新
鮮有趣

14:30

漫步長町武家宅邸遺址 P.44
石板路和土牆綿延的街景，
呈現出濃郁的城下町風情

在館內品嘗使用加賀野菜
的午間健康料理

今天的
點心就是它了

15:30

挑戰製作和菓子

在**石川縣觀光物
產館** P.43參加
和菓子製作體驗。
就像捏黏土般、
很有意思

完成了山茶花
模樣的上生菓子

東茶屋街漫步
P.26

17:00

瀰漫著古都風情的一帶。華燈初上更
顯得風情萬種。

22:00

金澤全日空王冠廣場飯店 P.93
第一天的住宿就選站前的都會飯
店，在寬敞的大床上睡個好覺

19:00

感受茶屋風情的
晚餐 P.76
在改裝自茶屋的
葡萄酒吧照葉，
享受充滿情調的
夜晚

第2天

10:00
優雅漫步兼六園 P.36

在日本3名園之一的大名庭園，沉醉在豪華和優美的風情之中

11:30
讓人感動的金澤城公園 P.40

美麗的金澤城讓人不禁讚嘆。閃閃發亮的屋瓦也很漂亮

近江町市場吃午餐 P.48

遲來的午餐，就選擇份量超大的海鮮蓋飯吧

13:00

螃蟹很美味喔

市場內有
販售大隻
的螃蟹

15:00
到金澤百番街購物

老舖的和菓子及九谷燒、各式各樣的伴手禮都能一次買齊 P.59

可愛的人偶
也買一個吧

有好多造型讓人愛不釋手的和菓子

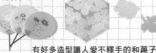

16:00
從金澤站前往山代溫泉

搭特急電車到加賀溫泉站，朝目的地山代溫泉前進 P.106

送朋友就選熱門的吸油面紙

17:00

抵達山代溫泉

下榻創業150年、氣氛極佳的老舖旅館たちばな
四季亭 P.108

品嘗美味料理
感受滿滿的幸福

21:00
悠閒享受露天浴池

在旅館內的露天浴池好好舒緩旅途疲憊。

第3天

8:00

稍微早一點起床
泡個溫泉。好舒服喔～

用豪華的早餐展開一天

白飯、味噌湯、竹筴魚乾…
用和風早餐好好充電

10:00

12:00

搭直達巴士前往永平寺 P.128

距山中溫泉車程約30分鐘。
莊嚴肅穆的氣氛讓人肅然起敬。

往山中溫泉移動

搭巴士前往山中溫泉
的鶴仙溪。邊聆聽潺
潺流水邊享受清新涼
爽的散步 P.102

以嚼勁十足為賣點

14:00

永平寺參觀&享用午餐

參觀寺院後，可到寺廟
周邊品嘗永平寺蕎麥麵
P.129

據說可以
開運的人偶

永平寺
的芝麻豆腐也很有名

採買永平寺
的伴手禮

還有扇子

16:00

搭越前鐵道到
JR 福井站

在車站大樓購買福井的伴手
禮。順手
買個鐵路便當再踏上歸途吧
P.131

裝了滿滿蟹肉的蟹肉
飯，福井經典美味。

8

我的旅行
小法寶

擬定計畫的訣竅

金澤的觀光景點都集中在市區，是最適合小旅行的城市。住1晚也能充分遊逛，但鄰近有許多優質的溫泉地，建議第2天 務必去泡個溫泉。若再走遠一點，前往世界遺產的五箇山&白川鄉、大自然薈萃的能登半島也都很有魅力。

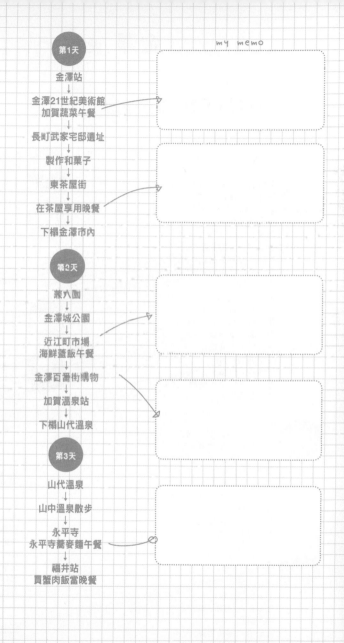

第1天

金澤站
↓
金澤21世紀美術館
加賀蔬菜午餐
↓
長町武家宅邸遺址
↓
製作和菓子
↓
東茶屋街
↓
在茶屋享用晚餐
↓
下榻金澤市內

第2天

兼六園
↓
金澤城公園
↓
近江町市場
海鮮蓋飯午餐
↓
金澤百番街購物
↓
加賀溫泉站
↓
下榻山代溫泉

第3天

山代溫泉
↓
山中溫泉散步
↓
永平寺
永平寺蕎麥麵午餐
↓
福井站
買蟹肉飯當晚餐

my memo

ことりっぷ co-Trip 小伴旅 金澤 北陸

CONTENTS

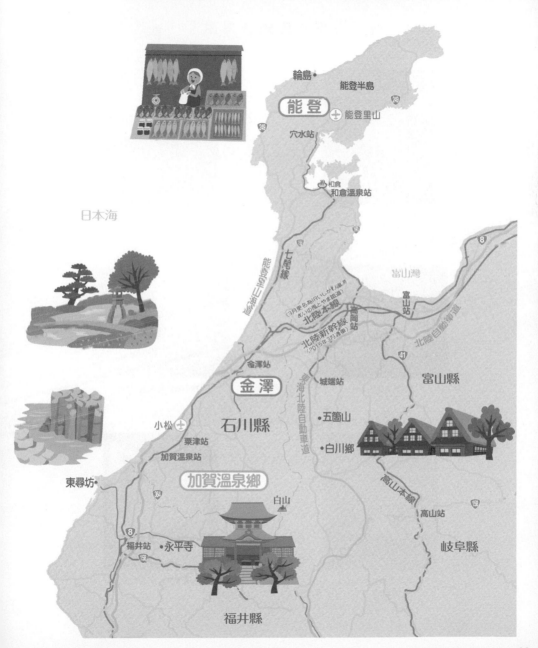

長留心底的金澤風景

綠色、如小星星般的蘚苔

河畔邊、清爽涼風吹拂

默默守護的神祗

腳下過雨後的濕潤感

在茶屋街的巷弄內
駐足休息

很有質感的米店門簾

左上‧中央右‧兼六園、右上‧犀川河畔、中央左‧金澤神社、左下‧東茶屋街的巷弄、
右下‧東茶屋街旁的經田米穀店

金澤

保存了典雅街區和精緻武家文化的城下町，金澤。
就在感受得到加賀百萬石繁華的景點，
如日本三名園之一的兼六園、
留有藩政時代風華的長町、寺町一帶、
風情萬種町家建築林立的主計町、東茶屋街、
匯集北陸豐饒物產的近江町市場、
以及可以享用購物和美食的香林坊、片町等地，
悠然漫步一番吧。

大略地介紹一下金澤

加賀百萬石的城下町，金澤，瀰漫著濃郁的古都風情。
魅力景點皆聚集在以金澤城公園為中心的半徑2km以內，
很適合悠閒漫步其間。

**北陸新幹線
2015年3月14日通車！**

2015年3月14日北陸新幹線的長野～金澤段正式通車。搭乘北陸新幹線，東京到金澤最快2小時28分，往後前往金澤更加方便了。

在金澤站，做好旅行的萬全準備

**先去一趟
☞觀光服務處。**

抵達金澤站後，就先前往車站內的「石川縣金澤觀光資訊中心」。除了能索取各式各樣的觀光小冊子外，還能免費出借傘具和長筒靴。

石川縣金澤觀光資訊中心
🏠金澤車站內(2015年2月前暫定以臨時櫃檯營運)
☎076-232-6200

**東西忘了帶也沒關係？
☞到車站附近的超商。**

車站內的超商「Heart-in」清晨6時起就開始營業，非常方便。容易忘記帶的盥洗用具或內衣褲也都能買得到。

**餓著肚子無法觀光
☞迅速解決早餐＆行前會議**

百番街上的連鎖速食店、知名麵包店都從早上7時就開門營業，搭夜行巴士來的旅客也可當成下車後的第一個休息站來利用。

**放下沉重行李輕鬆觀光
☞利用方便的投幣式置物櫃。**

車站東口和西口各有一處，可依300日圓、400日圓、500日圓選擇容量大小。

**騎自行車恣意閒逛
☞租借自行車。**

東口有まちのり，西口有JR和北陸鐵道的自行車租賃站。

**據點＆蒐集資訊
＆伴手禮
金澤站** P.58

金澤的旅程從東口開始，玻璃巨蛋為醒目的地標。

首先，要去哪兒？

長町武家宅邸遺址

**沉浸在
江戶風情中** P.44

長町武家宅邸遺址

土牆綿延的街區和石板路，彷彿穿越回到了江戶時代。

善用公共自行車租借系統「まちのり」

金澤市內的兼六園和東茶屋街等19個主要觀光景點，都設有可租車、還車的自行車租賃站。只要每次在30分鐘以內將自行車騎至租賃站歸還，就能以一天200日圓的基本費環繞整個市區。詳細情形請上官網查詢。

📠0120-3190-47(まちのり事務局)
🕐7:30～22:30(事務局9:00～19:00)
🈑無休‼ JR金澤站東口步行3分

まちのり ｜ 搜尋

開車前往遠一點的地方☞利用租車。

車站前就有各家租車營業所。租車的費用，有基本費(時間、車種)＋附加配備費(導航等)＋汽油費(還車時如加滿油)＋異地還車費用(不同營業所還車)等等。費用會視公司和季節而有不同，請事前上網或打電話確認。

●TOYOTA Rent a Car (網站預約OK)
預約中心 ☎0800-7000-111
金澤站西口 ☎076-224-0100
金澤站東口 ☎076-223-0100

●NISSAN Rent a Car (網站預約OK)
預約中心 📠0120-00-4123
金澤站前店 ☎076-232-4123
金澤站西口店 ☎076-264-4123

品嘗、購買當地食材 P.46
近江町市場
海鮮、加賀蔬菜等，各種食材聚集的金澤廚房。

觀光景點分佈平均的金澤，最適合悠閒地散步。可利用巴士＆徒步遊逛。

漫步花街 P.26
東茶屋街
紅殼格子窗以及藝妓，感受歷史悠久的古都風情。

武蔵ヶ辻

近江町市場　尾張町

東山

東茶屋街

金澤城公園

兼六園

広坂
金澤21世紀美術館

參觀城堡 P.40
金澤城公園
為城下町金澤的象徵，2001年修復了菱櫓等建物。

P.22 **體驗藝術**
金澤21世紀美術館
可親自接觸、體驗現代藝術的新形態美術館。

讓人醉心的大名庭園
兼六園 P.36
一提到金澤所有人心目中的名勝首選就是兼六園，能盡情享受大名庭園的美麗景緻。

由於巷弄交錯繁雜，請小心別迷路了。

搭巴士觀光
金澤一日遊行程

要遊覽金澤，推薦以繞行市內的周遊巴士＆
悠閒散步兩種方式組合搭配。
巷道錯綜複雜，因此要留意別迷路了。

INFORMATION

乘車處
在金澤站東口的巴士總站和計程車招呼站之間，設有巴士、計程車服務處 MAP 59，只需說出目的地工作人員就會親切地告知該搭乘哪一台巴士。

周遊巴士是？
繞行金澤市區的「城下町金澤周遊巴士」，一般通稱為復古巴士。行程幾乎涵蓋所有主要觀光地，因此能夠很有效率地全部逛完。雖然巴士空間不大，但卻很值得利用。

方便的一日乘車券
要搭巴士的話就買一日乘車券比較划算。若為「城下町金澤周遊一日自由乘車券」，500日圓的車資只要搭3次就回本了。可在巴士內向司機購票。

還有這些巴士
金澤市內還有各式各樣的巴士（詳情請參照P.136）。欣賞夜間風光可搭乘「金澤夜間巴士」，前往兼六園有方便的「兼六園Shuttle」，欲前往香林坊等地購物則可搭「市街巴士」。

巴士乘車處在這裡♪
巴士總站位於金澤站東口，幾乎所有的路線巴士都自這裡發抵。

START

步行約30分 →

北陸鐵道巴士約15分

兼六園下

若預計會搭巴士3次以上，就可以考慮買划算的一日乘車券＆回數券。不過有些路線並不在可利用範圍之內，請留意。

金澤站
先前往車站內金澤百番街的石川縣金澤觀光資訊中心蒐集資訊吧。

金沢駅東口

GOAL

城下町金澤周遊巴士約15分

要喝茶的話……

久連波
該店位於東茶屋街中心街道近中央位置，抹茶口味甜點很受歡迎。

在東茶屋街附近還有主計町、尾張町等各具風情的街區，時間充裕的人不妨前往遊逛。

📷P.34

步行即到

東茶屋街
為江戶時代歷史悠久的著名花街，紅殼格子窗和石板路綿延的街區讓人沉醉在古都風情中。

📷P.26

遲來的午餐……。

近江町海鮮丼家
ひら丼 いちば館
幾乎裝到要滿出來的食材共有14種，而且視季節有時還更多。

📷P.48

橋場町　　步行約10分　　武蔵ヶ辻

北陸鐵道巴士約3分

近江町市場
有「金澤廚房」之稱，能買到海鮮、加賀蔬菜等各式各樣的食品。

📷P.46

武蔵ヶ辻
（名鐵
M'ZA前）

兼六園

金澤代表性的熱門景點。在擁有自江戶時代以來悠久歷史的蔥鬱庭園中，能欣賞四季不同韻味的美景。 📖P.36

步行即到

金澤／一日遊行程

步行約5分

金澤城公園

2001年重建了菱櫓和五十間長屋等建物，並重新規劃成公園。華麗雄偉的白牆城堡可入內參觀。 📖P.40

↑「城下町金澤周遊」

金澤21世紀美術館

每年有150萬人次造訪的美術館，展示眾多日本國內外知名藝術家的作品。 📖P.22

步行約10分

城下町金澤周遊巴士約5分

午餐⋯⋯。

おいしいいっぷく鏑木

九谷燒的專賣店。也設有可享用午餐和喝茶的餐廳，可坐下來好好休息。 📖P.45

香林坊

長町武家宅邸遺址

為藩政時期加賀藩中級武士們居住的宅邸遺跡，可漫步欣賞還完整保留當時氛圍的建築物群。 📖P.44

步行即到

雖然在周遊巴士的路徑範圍外，但從金澤周遊巴士十三間町巴士站下車步行約15分鐘的地方有間忍者寺（需預約。📖P.52）。

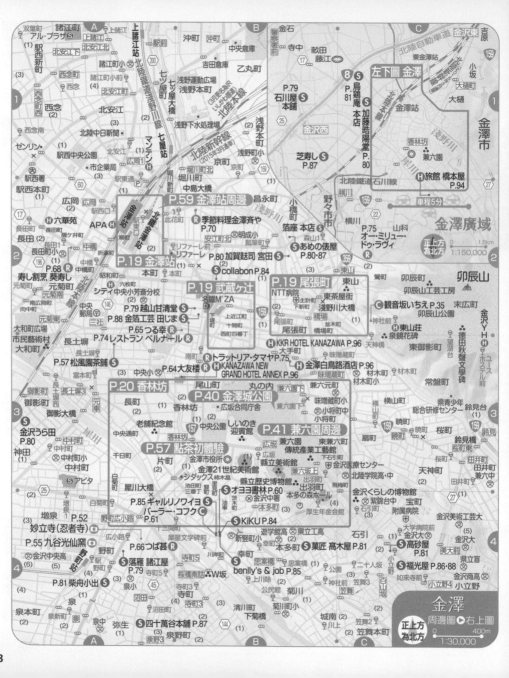

金澤

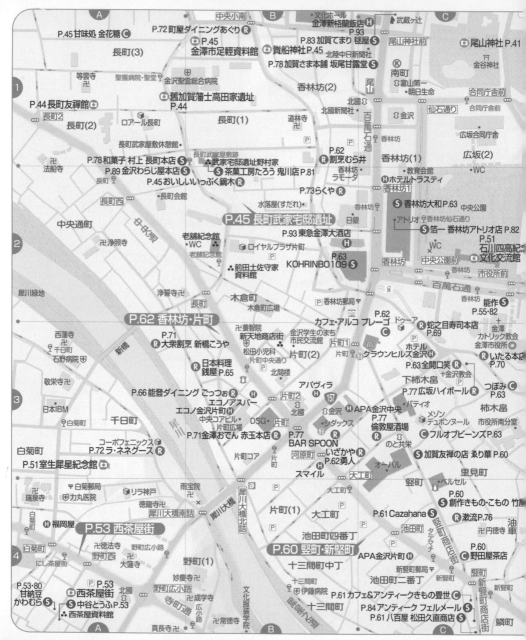

中央小南

P.45 甘味処 金花糖 C
P.72 町屋ダイニングあぐり R
文化ホール
金澤新格蘭飯店店
P.93
武蔵ヶ辻
尾山神社 P.41
長町(3)
P.45
金澤市足軽資料館
貴船神社 P.45
P.83 加賀てまり 毬屋 S
尾山神社前
金谷神社
P.78 加賀さま本舗 坂尾甘露堂 S
北陸中日新聞社
南町
富山第一・朝日生命
等雲寺
聖霊病院・聖堂
金沢聖霊総合病院
舊加賀藩士高田家遺址
香林坊(2)
北國
金沢
合同庁舎前
P.44 長町友禅館
P.44
北國新聞社
広坂合同庁舎
長町2
ロアール長町
長町(1)
道林寺
百万石通
金沢
仙石通り
合同庁舎前
長町(2)
香林坊
広坂合同庁舎
長町武家屋敷休憩館・
長町武家屋敷跡
P.62
割烹むら井
香林坊(1)
広坂(2)
P.78和菓子 村上 長町本店 S
武家宅邸遺址野村家
香林坊
ラモーダ
・WC
法船寺
P.89金沢わらじ屋本店 S
茶菓工房たろう 鬼川店 P.81
教育館
長町
P.45おいしいいっぷく鏑木
P.73らくや R
ホテルトラスティ
香林坊1
長町西
P.45 長町武家宅邸遺址
水落屋(すだれ)
日銀
香林坊大和 P.63
中央公園
長町会館
P.93東急金澤大酒店
アトリオ
香林坊仙石通り
中央通町
老舗記念館
・WC
老舗記念館
P.51
浄照寺
ロイヤルプラザ片町
H
箔一 香林坊アトリオ店 P.82
WC
石川四高紀
文化交流館
前田土佐守家
資料館
P.63
KOHRINBO109 S
中央公園前
香林坊
市役所前
犀川緑地
浄賢寺
長町
木倉町
木倉町広場
百萬石通
香林坊郵便局
香林坊
能作
P.55・82
P.62 香林坊・片町
養智院
新天地商店街
カフェ・アルコ ブレーゴ C
P.62
ドゥーア
蛇之目寿司本店
金澤
カトリック教会
西蓮寺
千日院
P.71
大衆割烹 新橋こうや R
金沢学生のまち
市民交流館
片町1
ホテル
クラウンヒルズ金沢
金沢市役所
いたる本店
P.70
石野病院
松田小児科
片町(2)
P.63全問口笑 R
+金沢教会
日本料理
銭屋 P.65 R
片町中央通り
北間楼
下柿木畠
つぼみ C
P.63
敬栄寺
日本IBM
P.66 能登ダイニング ごっつぉ R
エコノアスパー
アパヴィラ
P.77広坂ハイボール R
柿木畠
千日町
エコノ金沢片町
金沢
APA金沢中央
H
メゾン
デュポンヌール
市役所南分室
白菊町
中央コアビル・DSG・片町
パティオ
フルオブビーンズ P.63
C
P.71金澤おでん 赤玉本店 R
BAR SPOON
倫敦屋酒場
のと共栄
加賀友禅の店 ゑり華 P.60 S
コーポフェニックス
P.72 ラ・ネ ネグース R
河原町
いざかや
オーバル
里見町
P.51室生犀星紀念館
スマイル
P.62勇人
大工町
ベルセル
竪町
瑞泉寺
力丸医院
雨宝院
リラ神戸
徳龍寺
×
犀川大橋
大工町
P.60
創作きもの・こもの 竹屋
P.53 西茶屋街
犀川大橋北詰
片町(1)
大工町
P.61 Cazahana S
漱流 P.76
福岡屋
徳法寺
野町広小路
野町西
大蓮寺
池田町四番丁
P.60 竪町・新竪町
APA金沢片町 H
野田屋茶店
P.60
にし茶屋街
野町(1)
十三間町中丁
新竪町郵便局
P.53・80
甘納豆
かわむら S
P.53
西茶屋街
妙慶寺
野町広小路
成学寺
十三間町
池田町二番丁
P.61 カフェ&アンティークきもの 畳世 C
中谷とうふ P.53 S
P.84 アンティーク フェルメール
西茶屋資料館
P.61 八百屋 松田久直商店 S

20

舊第六旅園
司令部

D

丸之內

二之丸廣場

五十間長屋・

三之丸北園地

河北門・

休憩所

兼六園下

三之丸廣場

裁判所

橋場町

末日聖徒教会

E

兼六元町

味噌蔵町小

F

玉泉院丸跡

P.40 金澤城公園

石川門

WC

兼六園下

兼六大通

159

北陸

・WC

戌亥櫓跡

鶴之丸櫓墻

兼六園下

三十間長屋

金澤市

鶴丸倉庫

觀光服務處

桂坂門

・見城亭

石川縣觀光物産館 P.43

相良内科医院

兼六坂

小将町中

パークビュー

小将町

本丸園地

東山・

堤亭

WC

P.37 兼六園

玉泉園

Camellia Inn雪椿 P.96

加賀友禪傳統産業會館 P.54

丸の内

宮守堀園地

・宮守堀

辰巳櫓跡

奇觀亭

清水亭 P.39

小将町

法句寺

卍

常福寺

堂形のシイノキ

廣坂北

廣坂2

・石川県政記念しいのき迎賓館

鯉喉櫓台

蓮池門口

三芳庵

徽珍燈籠

眺望台

雁行橋

愛宕

卍

金沢大附特別支援

東兼六町

榮螺山

霞之池

蓮庭島

内橋亭 P.39

ことじや

兼見御亭

松山卍

廣坂

金澤能樂美術館 P.43

金沢・クラフト廣坂 P.82

WC

長谷池

兼六園 P.36

時雨亭 P.57

瓢池

WC

菊櫻

明治記念之標

根上松

10

10

P.85 TORi

廣坂

P.39 今井金箔 廣坂店

舟之御亭

兼六町

P.41

成巽閣

小立野口 WC

石川縣立傳統産業工藝館 P.42

市役所・柿木畠

廣坂(1)

廣坂

石浦神社

廣坂郵局

縣立美術館
廣坂別館

隨身坂口

県立美術館

管理事務所分室

P.43 美術館・博物館

美術館販賣部 P.25

Fusion 21 P.25

金澤21世紀美術館 P.22

旅館百寿荘

金城霊澤

石川縣立美術館
P.43

金沢医療センター

医療センター内局

兼六坂上

下石引町

成巽閣前

縣麗石引分室A

金澤神社

はくれい

WC

病院前

出羽町

知事公舍

ふるさと偉人館

上柿木畠

本多通

中央公民館

歌劇座

金澤歌劇座前

前田育徳会
尊経閣文庫分館

旧中村邸

縣立能楽堂

北陸学院高・中

松原病院とびうめ館

家郷偉人館

県立図書館

下本多町六番丁

中警察署前

藩老本多蔵品館 P.43

本多の森公園

本多の森ホール

飛梅・北陸学院前

聖ヨハネ教会

北陸放送松風閣

金澤市立中村記念美術館

下本多町

本多町

北陸放送会館

縣立歷史博物館

本多の森ホール

すみれ台デイ・ケア

聖ヨハネ乳児

松原病院

茨木町

金沢中署

本多公園

鈴木大拙館 P.42

西日本

金沢医療センター

たまごクリニック

本多町

本多町(3)

金沢医療センター

ロイヤルシャトー

本行寺

卍

桜橋

D

E

F

香林坊

周邊圖 P.18

正上方
為北方

0   100m

1:7,000

21

在金澤21世紀美術館 度過片刻藝術時光

以「面向全市開放的公園型美術館」為建築設計理念，
是一間可輕鬆造訪、容易親近的美術館。
推薦給想欣賞藝術的人，或只是想躺臥在草坪上的人。

整個繞上一圈
60分

12
10→22
21 — — 15
18
建議出遊的時段

戶外也有展示品，所以建議
天氣晴朗時前往。分為交流
區和展覽區，若想要仔細
欣賞展覽會等的，請上美術
館的網站查詢。也可在咖啡
廳和草坪悠閒小憩。

照片提供：金澤市

可欣賞、可體驗的新形態美術館

金澤21世紀美術館 かなざわにじゅういっせいきびじゅつかん

每年有約150萬人次造訪，
是金澤自豪的人氣景點。玻
璃環繞的圓形建築，是出自
活躍於世界的建築師妹島和
世＋西澤立衛／SANAA的
設計。該建築不分前後，而
是在四方設置入口，不論從
哪一面皆能進出。與稱為
「Commission Work」的建
築物融為一體的作品很受到
歡迎，是一間能在整體空間
中欣賞藝術作品的新形態美
術館。

☎076-220-2800 ⬆広坂1-2-1 ⏰展覽會區10:00～18:00(週五・
六～20:00)交流區9:00～22:00 ❌週一(逢假日則翌平日休) 💴入
館免費。展覽會門票視內容、時期而異 🅿有 ‼️香林坊アトリオ前
巴士站下車步行5分 MAP 21 D-3

上／《The Man Who
Measures the
Clouds》楊・法布爾
1999年、《Green
Bridge》等數個藝術
品結合的寬敞空間
右／暱稱為「Marubi」的
圓形建築物

陽光下的藝術群展

光庭 ひかりにわ

可一次觀賞《The Man Who Measures the
Clouds》《Green Bridge》等數個藝術品的藝術空
間。正如其名，是在灑落的和煦光線中眺望作品。

透過水面仰望的藍天，
搖曳的陽光如夢似幻，
相當美麗
照片提供：金澤市

夜間的美術館也很漂亮
交流區開放至晚上10時，這在美術
館間是很罕見的。點燈後的建築物
更增添了羅曼蒂克的情調，很值得
一見。

天空也成了作品的一部分

《Blue Planet Sky》
James Turrell 2004年

通稱：Turrell的房間

房間的天花板切割出一個正方形的空間，天空的景色
看起來就像是一幅畫般。傍晚時分在房間的燈光照明
下讓天空顯得更為蔚藍，美不勝收。

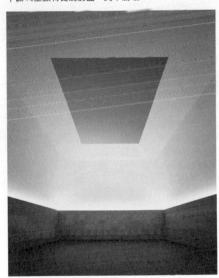

視天氣和時段即可欣賞到完全不一樣的天空面貌，很有意思
攝影：中道淳／ナカサアンドパートナーズ
照片提供：金澤21世紀美術館

像是沉入游泳池的底部

《The Swimming Pool》 Leandro Erlich 2004年

通稱：Leandro的泳池

從上方看就是一座普通的游泳池。進入泳池下方，可
以隔著水面與其他觀光客相遇。由下方仰望水面，可
體驗彷彿穿著衣服沉到游泳池裡的奇妙感覺。

《The Swimming Pool》很受小孩子喜愛。

不只用「眼睛看」還能「遊玩」的美術館

所謂的美術館，就是欣賞展示作品的地方。
但是金澤21世紀美術館不太一樣。
因為可親身體驗藝術作品，所以總會在不知不覺中被吸引進去。

以加賀友禪為設計題材
《People's Gallery 2004.10.09-2005.03.21》
Michael Lin 2004年

鮮艷的色彩繽紛奪目

調查加賀友禪的歷史和手法後構思而成的花樣，將美術館的白色空間變得生動起來。可坐在與SANAA共同創作的椅子作品上，眺望光庭的景色。

椅子坐起來很舒服

顏色與光線的共舞
《Colour activity house》
Olafur Eliasson 2010年

將塗上三原色——青色、洋紅色、黃色的3個半圓形玻璃牆配置成漩渦狀。當一路踏進作品中，視站立的位置即可看到顏色與平常迥異的景觀，相當有趣。

©2010 Olafur Eliasson
攝影：木奧惠三
照片提供：金澤21世紀美術館

茂密蔥鬱的綠牆
《Green Bridge》
Patrick Blanc 2004年

為法國藝術家兼植物學家Patrick Blanc的作品。在光庭的牆面上，栽種了適合金澤當地氣候生長、約100種的日本國內外植物。

在白色空間中更能襯托出綠意

照片提供：金澤21世紀美術館
攝影：中道淳 / Nacasa & Partners

← 香林坊

広坂

金澤能樂美術館•

藝術創作工房

劇場21
（入口在地下1F）

《You Renew You》
《The Man Who Measures the Clouds》
《People's Gallery
2004.10.09-2005.03.21》

光庭

金澤市役所

展覽會區
展覽會區要付費，周圍的交流區則免費。

大廳

市民畫廊

光庭

《Green Bridge》

《Klangfeld Nr.3 für Alina》

光庭

《Blue Planet Sky》

藝術圖書館　托兒所

找找看SANAA的設計在哪裡

館內四處可見規劃該建築的妹島和世＋西澤立衛／SANAA的設計元素。兔子造型的椅子、可降至地下室的玻璃電梯（油壓式）都是吸睛焦點。

在這裡小歇片刻

從意想不到的地方傳來的聲音
《Klangfeld Nr.3 für Alina》
Florian Claar 2004年

草坪上突出了12個喇叭狀的傳聲筒。在地底則每2個相連接，就像傳聲筒般可以傳遞聲音。能聽到從意想不到的地方傳來的聲音，相當好玩。

攝影：中道淳／Nacasa & Partners
照片提供：金澤21世紀美術館

並不一定都會與旁邊的傳聲筒相連

可品嘗名店蛋糕的咖啡廳
Fusion 21

設於館內的咖啡廳，眺望環繞建築物四周的草坪的同時，可以放鬆休息。使用加賀蔬菜烹調的現代法國菜午餐1400日圓。

☎076-231-0201
🕙10:00～20:00　🏠休 Ｐ
同金澤21世紀美術館

以能登葡萄酒製作的義式冰淇淋聖代「奢侈聖代」

🐦 兼六園
広坂
石浦神社

長期展覽區域

《Colour activity house》
美術館販賣部
美術館販賣部2
設計畫廊
《Wrapping》
《The Swimming Pool》
Fusion 21
大廳
広坂
光庭
請在這裡購買展覽會區的門票
演講廳
《L'Origine du monde》（世界的起源）
哺乳室
兒童創作空間
茶室
《You Renew You》

珍貴的藝術商品齊聚一堂
美術館販賣部

採買伴手禮

能買到印上美術館標誌的原創商品、一般書店不會陳列的藝術專業書籍等。還有只在展覽會舉辦期間才販售的限定品，也絕對不容錯過。

配色可愛的串珠戒指各1080日圓

金澤的傳統工藝・水引吊飾各1500日圓

切片水果造型的便條紙2160日圓

請小心別一頭撞上了玻璃牆喔。🐦

在主計町&東茶屋街
優雅漫步

主計町&東茶屋街還保留完整的城下町景色。
格子戶和石板路綿延的風雅街道，
光漫步其間就能感受獨特的風情。

整個繞上一圈
120分

建議出遊的時段

街道旁由茶屋改裝的雜貨店和
咖啡廳等店家林立，探訪隱身
巷弄內的在地店家也很有意
思。推薦沿著淺野川散步，順
道前往主計町&東茶屋街2
條茶屋街逛逛。

1 主計町綠水苑 かずえまちりょくすいえん

枝垂櫻美麗妝點
綠與水的綠洲

位於中之橋旁、充滿綠意和流水的綠洲之
地。修復整建了金澤城內堀（西內惣
構），可一窺往昔的風貌。

公園 ☎076-220-2356（金澤市綠與花之課）
⌂主計町內 Ｐ無
‼ 橋場町巴士站下車步行3分

瀧白絲的水雜技表演
只要用手遮住瀧白絲碑前看板
上的「水」字，就會從瀧白絲
手持的扇子冒出水來。這是與
水雜技演員・瀧白絲有關的有
趣特殊裝置。

2 暗闇坂 くらがりざか

通往花街的隱密捷徑

從久保市乙劍宮的境內有條往下的陰
暗石階可以通往主計町茶屋街。或許
因為是以前尾張町的男人們前往茶屋
街時所使用的通道，所以有種神祕的
氛圍。

坡道 ☎076-220-2194（金澤市
觀光交流課）⌂主計町
‼ 橋場町巴士站下車步行3分

東山茶屋街前

東山(3)

P.29
ビストロ金沢 とどろき亭

WC・

主計町綠水苑

主計町茶屋街

P.83 淺の川 吉久 Ｓ
淺野川大橋北詰
× 橋場町

NTT金沢病院 ✚

木津屋旅館
P.95

主計町

P.29
Ｈ 淺野川大橋

下新町

暗闇坂

淺野川大橋

メゾンドベルジュール

源法院

橋場センター

久保市乙劍宮

P.87
Ｓ 佃の佃煮 本店

北國

389

Ｓ かなざわカタニ P.55

P.50 泉鏡花紀念館 ✿

尾張町郵局

武蔵ケ辻

金澤留聲機館

P.28

尾張町
(2)

百萬石通

159

P.28 金澤文藝館

橋場

兼六園

3 梅之橋 うめのはし

架在淺野川上的幽雅木橋

連結東山和並木町的木造行
人專用橋。旁邊有座在泉鏡
花的名作「義血俠血」中登
場、藉由水表演雜技的演員
「瀧白絲」的銅像。

橋 ☎076-220-2194
（金澤市觀光交流課）
⌂東山界隈
Ｐ無
‼ 橋場町巴士站下車步行8分

1　　　　2　　　　3 4

4 十月亭 (じゅうがつや)

在町家輕鬆品嘗細緻的料亭風味

金澤的料亭錢屋經營的和食餐館。以細緻手法將當令食材漂亮盛盤的「竹籠便當」2830日圓，深受女性歡迎。

和食 ☎076-253-3321 🏠東山1-26-16
🕐11:30～15:00(午餐、甜品)、18:00～21:00(晚餐，需預約) 困週三
🅿1小時300日圓(利用市營停車場)
🚌橋場町巴士站下車步行5分

能大啖鄉土料理的武士的菜單御膳2830日圓

5 箔座ひかり藏 (はくざひかりぐら)

以白金金箔製作的原創商品種類豐富

推廣金箔原有的美麗與新魅力的店家。有許多搭配金箔設計的包包、器皿、飾品等高品味商品。

羅緞包各8640日圓

雜貨 ☎076-251-8930 🏠東山1-13-18
🕐9:30～18:00(冬天～17:30) 困無休
🅿利用市營停車場 🚌橋場町巴士站下車步行5分
🔖P.85

地圖：
P.35 桃組
菁屋文化館
國長寺
園長寺
國家指定重要文化財 P.00 武家
箔座ひかり藏 P.00
🅡十月亭
東茶屋街
茶房 一笑 P.34・87
金澤東茶屋街 懷華樓 P.31
久連波 P.34
今日香
山乃尾
福嶋三絃店 P.33
東茶屋休憩館(Maidosan常駐) P.35 茶房&BAR ゴーシュ
茶房 素心 P.34
西源寺
寿経寺
WC 東山河岸緣地
東山(1)
步行2分
淺野川
浅野川稲荷神社
鏡花之道
德田秋聲紀念館 P.50
パストラルハイム
梅之橋
梅ノ橋
瀧白絲碑
周邊圖 ●P.19

6 今日香 (きょうか)

能與可愛和風雜貨相遇的店

店內有原創手巾、口金包、漆器筷、和蠟燭等600種以上的和風雜貨。

筷子315日圓～、手巾735日圓～

雜貨 ☎076-252-2830 🏠東山1-24-6
🕐10:00～傍晚 困週二・三，有不定休 🅿無
🚌橋場町巴士站下車步行5分

5 5

6

立有瀧白絲碑的淺野川沿岸通道稱為「鏡花之道」。

瀰漫懷舊氛圍的
尾張町＆橋場町一帶

位於金澤城大手門前的尾張町＆橋場町。
源起於為了配合加賀藩祖‧前田利家進入金澤城，
召來尾張名古屋的商人聚集後發展而成的街區。

整個繞上一圈
90分

10 ── 15

17

建議出遊的時段

還殘留江戶時代商人之町的繁榮風貌，歷史悠久的建築物和老字號商店林立。光是遊逛在懷舊氛圍的街道上就很有意思，也很推薦到老舖享受購物之樂。

1 金澤留聲機館 かなざわちくおんきかん
新鮮又讓人懷念的留聲機音色

珍藏約600台留聲機和3萬張唱片，每天於11‧14‧16時還會舉辦78轉唱片試聽比較的活動。以大正時代為靈感的磚造建築是明顯的地標。

資料館 ☎076-232-3066
△尾張町2-11-21 ⓘ10:00~17:00
㊡換展期間 ¥300日圓 Ⓟ有
🍴橋場町巴士站下車步行3分

尾張町一品迷你美術館
展出尾張町商店以前使用過的招牌和帳簿等充滿懷舊感的生財道具，可到12間參與展出的各家店頭欣賞。

2 尾張町老舖交流館 おわりちょうしにせこうりゅうかん
復原大正時代的商家

復原大正時代的商家，建築內設有中庭。館內收集了大正至昭和年間的尾張町街景照片、明治時期的銅版畫廣告本等。也舉辦卯辰山工藝工坊展及其他企畫展。

藝廊 ☎076-234-6666
△尾張町1-1-11
ⓘ9:00~17:00 ㊡週二 Ⓟ無 🍴老舖交流館巴士站下車即到

3 金澤文藝館 かなざわぶんげいかん
收藏眾多五木寬之的著作

由昭和初期的銀行建築改裝而成。為展示與金澤有淵源的作家‧五木寬之全部著作、愛用品、紀念品等收藏品的魅力空間。

文學館 ☎076-263-2444
△尾張町1-7-10
ⓘ10:00~17:30
㊡週二（逢假日則翌日休）
¥100日圓
Ⓟ無
🍴橋場町巴士站下車即到

中之橋

•WC
P.26 主計町綠水苑

•WC
彥三綠地

光福寺卍
彥三綠地

NTT金沢病院

野坂邸•

メゾンドベルジュール

下新町

佛眼寺卍

久保市乙劍宮

N

歩行2分

P.55·89
⑤ かなざわカタニ

尾張町(2)

⚫尾張町老舖交流館
町民文化館

⚫ダイアパレス
百萬石通

金澤留聲機館 ⊙

△武藏ヶ辻

159
尾張町

尾張町

尾張町(1)

周邊圖 ⊙P.19

尾張町

千と世水引 ⑤

1 2

4 千と世水引
ちとせみずひき

真心誠意編結而成的水引

水引是以手抄和紙為原料製作的花紙繩工藝品。店內陳列著遵循自古以來的編結方式和設計，同時融合了現代元素的可愛水引工藝品。

【工藝】☎076-221-0278 ⌂尾張町1-9-26 ◐9:30～17:00（週六、假日10:00～16:00）◑週日（若連續假日、節日需洽詢）
Ⓟ有 ♥尾張町巴士站下車步行3分

東川(3)
淺野川大橋北詰
木津屋旅館 P.95 Ⓗ
Ⓡビストロ金沢 とどろき亭
橋場町 ×
福嶋三絃店 P.33
東山(1)
主計町
P.26
暗闇坂
卍源法院
Ⓢ佃の佃煮 本店
P.87
泉鏡花記念館 P.50
尾張町郵局
浅野川大橋
浅野川大橋
•WC
東山河岸
緑地
浅野川
橋場センター
北國
鏡花之道
橋場町
橋場
橋場町
浅野川稲荷神社 Ⓣ
パストラルハイム
浅の川ハイム
ギャラリー三田
橋場町
金澤文藝館
兼六園
六六

5 淺野川大橋
あさのがわおおはし

充滿大正浪漫風情的美麗橋梁

1922（大正11）年建造的拱形橋。優雅的造型，與被稱為「女川」，靜靜流淌的淺野川相當吻合。已登錄為國家有形文化財。

【橋】☎076-232-5555（金澤市觀光協會）⌂橋場町先
♥橋場町巴士站下車即到

6 ビストロ金沢 とどろき亭
ビストロかなざわとどろきてい

在散發鄉愁的小酒館享用時尚法國菜

地處淺野川大橋旁，由大正時代銀行建築改裝而成的時尚小酒館。可品嘗到以大量當地食材烹調而成的法國菜以及葡萄酒、特產酒和燒酎。

【西餐】☎076-252-5755
⌂東山1-2-1
◐11:30～14:30（週六・日・假日～15:30）18:00～翌1:30（週六・日・假日～翌0:30）
◑不定休 Ⓟ有（僅晚上）
♥橋場町巴士站下車即到

照片提供：金澤市

3　4　5 6

這一帶是連結東茶屋街和近江町的通道，推薦一定要排入行程中。

東茶屋街的風雅茶屋

絕大多數的茶屋都「謝絕首次來訪的客人」。
但想要參觀內部的人別擔心，
因為還是有開放參觀的設施。

整個繞上一圈
45分

12
9 — 15
18
建議出遊的時段

就位於東茶屋街的中心街道旁，可於逛街時順道前往。除了「志摩」「懷華樓」之外，還有「茶屋文化館」，風情都不盡相同，因此推薦每一間都造訪。

1 客人欣賞表演的座敷
2 也展示藝妓使用過的髮簪等
3 寬敞的玄關上方的挑高空間
4 典型的茶屋中庭

開放維持往昔模樣的茶屋
國家指定重要文化財 志摩
くにしていじゅうようぶんかざい しま

1820（文政3）年，隨著東茶屋街的誕生而興建的茶屋，已列為國家重要文化財。地爐、石室、水井等內部規劃都還一如當年。由於是專為遊興場所而設計，因此房間內並沒有壁櫥之類的收納。能參觀客人背對壁龕席地而坐的「座敷（宴客廳）」、藝妓表演華麗舞蹈和太鼓的「ひかえの間（休息室）」等充滿風情的風雅空間。在別棟的寒村庵，可享用和菓子與抹茶。

☎076-252-5675 ⬆東山1-13-21 🕘9:00～18:00 困無休 ¥400日圓 🅿利用市營停車場 🚌橋場町巴士站下車步行5分 MAP 19 C-3

1 朱紅色牆面上繽紛妝點的貴賓室
2 很受歡迎的黃金葛切（1400日圓）
3 能發現茶屋的新魅力
4 可在喫茶空間，地爐沙龍區

融入現代藝術的特色茶屋

金澤東茶屋街 懷華樓
かなざわひがしちゃやがいかいかろう

190年以上歷史的古老茶屋建築。到處可見由現代藝術家創作的紙門畫等作品，能欣賞茶屋風情與現代藝術的另類結合。有豪華的朱紅色大樓梯、以草木為原料染色的榻榻米、貼有金箔的茶室、加賀友禪的花嫁門簾等等，華麗的程度也是焦點之一。還有一個圍繞地爐的品茶空間，老闆娘推薦的黃金葛切相當有人氣。

紅殼格子的秘密
常用於茶屋的紅殼格子窗。從屋內能瞧見外頭的樣子，但從外面卻很難看得清楚裡面。也因為如此以前的人才能安心地上門光顧吧？

☎076-253-0591 ⌂東山1-14-8 ⏰9:00～17:00 ✕無休 ¥700日圓
Ⓟ利用市營停車場 🚏橋場町巴士站下車步行5分 MAP 19 C-3

茶屋的設計是不烹煮料理、而以叫外送的方式，所以只設置了小小的廚房。

感受藝妓心境
來挑戰彈三味線吧

既然都專程來到了茶屋文化興盛的金澤，
當然不可錯過體驗茶屋的遊興氣氛。
還有機會能與藝妓近距離互動喔。

彷彿聽得到三味線琴聲的風雅
氛圍街道。

到老舖三味線屋體驗彈奏三味線，
感受當藝妓的心境！？

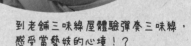

三味線的彈奏體驗
大約需要30分鐘

挑戰「Sakura Sakura」，不知道
彈得好不好聽？

觀賞金澤藝妓的習藝風景

每年7、8月在東、西茶屋街、主計町茶屋街，都會舉辦藝妓習藝的觀賞會。還可請藝妓指導座敷太鼓的打擊技巧呢。（需預約、確認日程等細節）

洽詢處
☎076-263-1154（金澤傳統藝能振興協會事務局（金澤商工會議所內））

相互競藝的3條茶屋街

金澤有東茶屋街、西茶屋街、主計町茶屋街等3條茶屋街，聽說藝妓們會在各項技藝上互別苗頭而不斷地力求精進。

優雅的舞蹈讓人
看到陶醉忘我…。

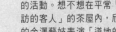

金澤市觀光協會

‖金澤站‖かなざわしかんこうきょうかい

會不定期舉辦可體驗金澤藝妓和茶屋的活動。想不想在平常「謝絕首次來訪的客人」的茶屋內，欣賞美麗優雅的金澤藝妓表演「道地的技藝」呢？會場為東茶屋街、西茶屋街、主計町茶屋街的各家茶屋。

☎076-232-5555
⌂地花町０ １０金沢ビル５１F
⏰9:00～17:45 ㊡週六、日、假日
Ｐ無 ⚇JR金澤站即到 MAP 19 Ａ１

福嶋三絃店

‖東山‖ふくしまさんげんてん

手工製作藝妓等所使用的三味線，為北陸唯一的三味線製造販賣店，也提供彈奏三味線的體驗。

☎076-252-3703
⌂東山1-1-8 ⏰10:00～16:00
㊡第2、4週六、週日、假日
¥500日圓（附抹茶）
Ｐ無
⚇橋場町巴士站步行5分 MAP 19 B-3

茶屋遊興初體驗。

真正的藝妓果然是個
專業的表演者。

若在茶屋遇到藝妓的話，可以向她索取當名片使用的千社札留作紀念。

若要在茶屋街喝杯茶
選町家咖啡廳最適合

東茶屋街上有許多改裝自古老町家建築的咖啡廳和甜點店。
可邊透過紅殼格子窗眺望街上往來的行人，
一邊品嘗手作和風甜點。

絕佳的現磨咖啡
與手作甜點

茶房 素心
さぼうそしん

點餐後才開始磨豆、一杯一杯沖泡的香濃咖啡是該店的招牌。與茶屋街氛圍相融合的店家建築，內部的樓梯櫥櫃、裸露樑柱都很有日本的風情。抹茶奶凍等自製甜點也很美味。

↑抹茶奶凍530日圓
↓從時尚氛圍的2樓座席可俯瞰東茶屋街

☎076-252-4426
⌂東山1-24-1
🕙10:00～傍晚 困週三 P無
🍴橋場町巴士站下車步行5分
MAP 19 C-3

也能買到加賀友禪的伴手禮
寬敞幽靜的座敷咖啡廳

久連波
くれは

由老字號和服店「ゑり虎」經營的咖啡廳，可品嘗到一般不對外販售、「吉はし」的上生菓子。1樓有販售和風小物和當地作家的工藝品，從2樓的日式座席可邊眺望東茶屋街邊享受悠閒時光。

↑上生菓子和抹茶的套餐800日圓
↓在沉穩氛圍的榻榻米房間內享受療癒時光

☎076-253-9080
⌂東山1-24-3
🕙10:00～17:30 困週三 P無
🍴橋場町巴士站下車步行5分
MAP 19 C-3

芳香的加賀棒茶
與甜點一起享用

茶房 一笑
さぼういっしょう

由製造販售加賀棒茶的丸八製茶場經營的咖啡廳。加賀棒茶是將茶梗焙炒而成的茶品，獨特的香氣不論和菓子還是西點都很搭。「棒茶與和菓子」的套餐，可從上生菓子、紅豆湯圓、當季點心中任選一種。

↑棒茶與和菓子1080日圓
↓瀰漫著日本風情和加賀棒茶幽香的店內

☎076-251-0108
⌂東山1-26-13 🕙10:00～18:00
困週一（逢假日則翌日休） P無
🍴橋場町巴士站下車步行5分
MAP 19 C-3

金澤人很愛喝咖啡

很多金澤人都嗜喝咖啡，消費量居全日本之冠。也因此當地有許多講究的咖啡廳和咖啡豆專賣店。

可眺望屋瓦景色的
隱密咖啡廳

観音坂いちえ
かんのんざかいちえ

將築於1920（大正9）年的町家改裝成自宅兼咖啡廳，是一家能欣賞金澤黑瓦屋頂綿延景色的隱密咖啡廳。在爵士樂繚繞的幽靜氛圍中，可悠閒享受片刻的品茶時光。

↑鬆餅350日圓、咖啡400日圓、巧克力蛋糕350日圓　→隔著玻璃窗可眺望金澤的街景

☎076-255-0990
🏠東山1-35-8　🕐週六・日・假日11:00～17:00　🈺週一～五（達假日則營業）
🅿有　🚌橋場町巴士站下車步行8分
MAP 18 C-2

加賀蔬菜果汁很有人氣
時尚風格的果汁吧

桃組
ももぐみ

能喝到以加賀大黃瓜、五郎島金時地瓜等加賀蔬菜和當令水果打成的鮮果汁。外觀是一間古老的茶屋，店內設置了時尚的銀色吧檯和美麗的吧檯椅。也提供特產酒。

↑新鮮果汁630日圓～
↓會讓人不禁想要上門光顧的店

☎076-252-8700
🏠東山1-12-11
🕐10:00～傍晚　🈺週二　🅿無
🚌橋場町巴士站下車步行5分
MAP 19 C-3

町家風情濃厚
巷弄裡的咖啡廳

茶房&BAR ゴーシュ
さぼうアンドバーゴーシュ

佇立於東茶屋街的巷弄內，改裝自茶屋建築的咖啡廳，自製起司蛋糕等甜點和飲料種類豐富。每月第3週六會由老闆舉辦香頌音樂的現場表演（需預約）。

↑起司蛋糕450日圓　↓改裝自100年以上歷史的町屋、充滿風情的店內

☎076-251-7566
🏠東山1-16-5
🕐茶房11:00～19:00、BAR19:00～翌3:00
🈺週二　🉐BAR開桌費500日圓　🅿無
🚌橋場町巴士站下車步行5分　MAP 19 C-3

傍晚時分在街上漫步時也有可能會遇到藝妓喔。

既然來到金澤
當然不能錯過兼六園

日本三名園之一的兼六園，是眾所周知的金澤地標。11萬4000平方公尺的廣大腹地內有大小水池、瀑布、小山和岩石等巧妙的設計配置，能盡情欣賞大名庭園之美。

整個繞上一圈 **60分**

建議出遊的時段

園內有160種、約8200棵樹木叢生，歷史悠久的建築、大小水池、名木、假山等景點豐富。順道前往可品嘗加賀料理的食事處和以糰子為招牌的茶店等休憩場所也很不錯。

1 兼六園的象徵，徽珍燈籠和霞之池，正中央還有座蓬萊島
2 每個季節都會舉辦期間限定的點燈活動
3 排成雁隊飛翔模樣的雁行橋
4 雪吊是兼六園的冬季風情畫

集加賀百萬石的精華於一身的日本三名園之一

兼六園 けんろくえん

兼六園名列日本三名園之一，與岡山的後樂園和水戶的偕樂園齊名。由5代藩主前田綱紀開始營建，並歷經各代藩主挹注龐大財力持續整建庭園。據說庭園兼具了「宏大、幽邃、人力、蒼古、水泉、眺望」的六勝意境，所以於1822（文政5）年命名為「兼六園」。染上櫻花色的春天、新綠萌發的夏天、繽紛錦色的秋天、銀白世界的冬天，一年四季都能欣賞大名庭園之美。

☎076-234-3800（石川縣金澤城‧兼六園管理事務所）
⏰7:00～18:00（10月16日～2月末8:00～17:00）🈚無休 ¥300日圓
🚌兼六園下巴士站下車步行3分 🅿利用兼六園停車場（第1個小時350日圓，之後每30分鐘150日圓）MAP 21 E-2

來趟清晨散步也很棒

雖然兼六園的開園時間是早上7時（10月16日～2月底為8時），但其實清晨4時即可入園，而且還是免費的。可以在沒有人打擾的兼六園盡情享受幽靜之美。

清晨的開園時間（僅開放隨身阪口、蓮池門口入園）

3月1日～3月31日、9月1日～10月31日　5:00開園
4月1日～8月31日　4:00開園
10月16日～2月底　6:00開園　※必須於一般的開園時間前離園

石川門

伴手禮店林立

兼六園下

金澤城公園入口

石川縣觀光物產館

園內入口有桂坂口等共7處

桂坂口

可容納620輛車的大停車場
營業時間7:30～20:00・
費用為1小時350日圓
之後每30分150日圓

櫻岡口

兼六坂

有8間茶店聚集的通道，是為免費區

清水亭

寄觀亭

視野絕佳

徽軫燈籠・眺望台

蓮池門口

二苫亭

噴泉

由此出口前往金澤21世紀美術館較近

夕顏亭

獅子巖

唐崎松

霞之池

翠瀧

內橋亭

花行橋

瓢池

上坂口

日本武尊像

広坂北

時雨亭

根上松

曲水

花見橋

山崎山

真弓坂口

広坂

石浦神社

可享用著抹茶眺望名園

石川縣立美術館廣坂別館

隨身坂口

石川縣立傳統產業工藝館

成巽閣

水琴窟跡

小立野口

兼六園上

石川縣立美術館

金城靈澤

金澤神社

成巽閣的兼六園側面入口，可依循兼六園→成巽閣→兼六園→金澤城公園的路線

此湧泉為金澤地名的由來

出羽町

石川縣廳舍
石引分室A

石川縣立能樂堂

小・小・旅・程・提・案

1 　**桂阪口START**

從兼六園下巴士站行經伴手禮店林立的通道，往桂坂口前進。

2 　**徽軫燈籠・眺望台**

最有人氣的紀念照拍攝地點，假日甚至更排隊。

3 　**曲水・根上松**

沿著辰巳水渠走，即可抵達曲水、根上松。

4 　**時雨亭**

重建的江戶時代建物，可享用和菓子和抹茶小憩片刻。

5 　**瓢池**

瓢池畔的夕顏亭也很有意境，翠瀧的水聲則讓人感受到清爽涼意。

6 　**噴泉**

眺望超高水柱噴泉後返回桂坂口。

7 　**桂阪口GOAL**

兼六園的花曆

欣賞四季花卉

不論哪一個季節前來，都能遇見美麗的大自然風光正是兼六園的魅力。不禁讓人想要每個季節都來造訪。

4月中旬～5月中旬
菊櫻

4月～5月
杜鵑花

5月
燕子花

8月～9月
澤蘭

10月～11月
紅葉

夜晚點燈後的兼六園也很漂亮。

以「六勝」為主
兼六園的景點巡禮

要逛遍整個廣大庭園費時又費力，
以重要景點的「六勝」為主也不錯。
不妨先確認食事處和休憩所的位置。

一勝

「宏大」水池邊的
兼六園象徵

徽軫燈籠 ことじとうろう

佇立於霞之池、腳分成兩支的燈籠，
由於形狀有如支撐琴弦的琴柱而得此
名（註：徽軫與琴柱的日文同音）。不平衡的
美感很有魅力，是拍攝紀念照的人氣
景點。

二勝

可一望金澤街景的
絕佳「眺望」

眺望台 ちょうぼうだい

可遠眺到醫王山，正前方是卯辰山、
腳底則是一整片的金澤市街。天氣好
的話甚至還能看到內灘砂丘和日本
海。當春天來臨美麗的櫻花綻放，就
像是粉紅色的地毯般。

三勝

優雅流淌的
美麗「水泉」

曲水 きょくすい

從辰巳水渠設施引流過來、水流緩慢
的曲水小溪。櫻花、燕子花、杜鵑花
和皐月杜鵑等四季花卉繽紛綻放，營
造出充滿生命力的空間。

四勝

「人力」打造出的
庭園之美

噴水 ふんすい

號稱是日本現存最古老的噴水。從比
噴泉位置還要高的霞之池引水過來，
利用逆虹吸原理讓水噴出。江戶時代
的技術能力由此可見一斑。

五勝

感受「蒼古」的
突出樹根

根上松 ねあがりまつ

高約15m的日本黑松。先栽種於土堆
上，松樹長大後挖除土壤讓樹根裸
露。根部突出地面約2m高的景像，近
距離看時迫力十足。

六勝

水墨畫般的
「幽邃」景色

瓢池 ひさごいけ

據傳是5代藩主前田綱紀建造兼六園
的起點。流入深綠色水池的翠瀧，隆
隆的水聲讓人感到清涼。池中還有大
小兩個模倣長生不老之島的神仙島。

品嘗著名的「兼六糯子」

自明治7年開業以來的「兼六糯子」（1盤400日圓）是兼六園的名點，只灑上黃豆粉和砂糖，口味簡單又美味。

清水亭 しみずてい

☎076-221-4963 ⛩兼六町1-14 ⏰8:00〜17:30（10月16日〜2月末→16:30）㊡無休

‼兼六園下巴士站下車步行5分 MAP 21 E-2

另外的推薦景點

夕顔亭 ゆうがおてい

建於1774（安永3）年，為園內最早的茶室。茶室旁的房間壁面上有夕顏（葫蘆）形狀的鏤空彫花。（內部不開放）

日本武尊像
やまとたけるのみことぞう

為了追悼在西南戰爭中戰死的後備軍人而建，為日本最古老的銅像。

翠瀧 みどりたき

引水自霞之池、注入瓢池的瀑布，別名為「紅葉瀧」。清涼的水聲聽在耳裡相當舒服。

山崎山 やまざきやま

覆蓋上一層美麗青苔的假山。同時也是紅葉名勝，又名為「紅葉山」。

黃門橋 こうもんばし

從旁邊看為上下兩層，但其實是以一層石塊立體加工而成。橋的長度有6.2m。

梅林 ばいりん

園內栽植約20種、多達200棵的梅樹，從2月底到3月底會開滿紅、白顏色的花朵，妝點早春的兼六園。

內橋亭 うちはしてい

建於霞之池畔、明治時代起營業至今的茶店。從座位能欣賞到如畫般的水池景色。抹茶附和菓子700日圓，紅豆麻糬套餐400日圓。

☎076-262-1539 ⛩兼六町1-22 兼六園內 ⏰9:00〜17:00（10月中旬〜2月→16:00）㊡不定休 MAP 21 E-2

在園內小歇片刻

佇立於霞之池畔。

今井金箔 広坂店 いまいきんぱくひろさかてん

除了使用金箔創作的藝術家作品外，還有可以食用的金箔系列、貼上金箔的七寶燒、陶藝等各式各樣金箔商品羅列的金箔製造老舖。

☎076-221-1109 ⛩広坂1-2-36 ⏰10:00〜18:00 週一（逢假日則翌日休）Ⓟ無

‼香林坊巴士站下車步行5分 MAP 21 D-2

採買伴手禮！

還有讓人開心的広坂店限定包裝紙。

兼六園周邊
也很有可看性

兼六園周邊有金澤城公園、尾山神社等，
聚集許多金澤著名的景點。
可實地感受加賀百萬石的歷史。

🚶整個繞上一圈
60分

12
9　15
17
建議出遊的時段

首先到緊鄰兼六園的成巽閣參觀，接著穿過兼六園往金澤城公園。從石川門進入，參觀五十間長屋等建築後，再從宮守坂口出來。尾山神社就在附近而已。

①重現工匠技術的河北門　②以橋與兼六園相連的石川門，為1788（天明8）年重建之物　③五十間長屋的木造結構中完全沒用到一根釘子　④還保留了融入多方技術所砌成的各式石牆

黑門口
大手門口

菱櫓、五十間長屋、橋爪門續櫓310日圓即可入內參觀，實地感受木造建築之美

WC
大片草坪的休憩場所
新丸廣場

綠意綿延的散步道

金澤城 兼六園管理事務所
WC
深生閣
新丸廣場
河北門
菱櫓
立有泉鏡花、室生犀星、德田秋聲的銅像

舊第自旅團司令部
二之丸廣場
入口休憩所

安政5年（1858）年興建、歌山頂樣式的倉庫
五十間長屋
橋爪門續櫓
二之丸庭園
數寄屋敷跡
入口休憩所
WC
石川門
石川櫓

三十間長屋
極樂橋跡
玉泉院丸
河北門
宮守坂口
鶴丸倉庫
薪丸土塀
本丸園地
石川門口
從兼六園過來要經過這座橋

此出口往尾山神社比較近
鶴丸堀遺構
辰巳櫓跡
古木茂密的森林

重新復甦的城下町象徵

金澤城公園 かなざわじょうこうえん

為加賀藩主前田家的居城。由石川門、三十間長屋等江戶時代遺留下來的建築，與2001年以古文書和古繪圖等史料為基礎復原的菱櫓、五十間長屋、橋爪門續櫓，以及2010年才復原的河北門等建築所組成。為明治以後日本最大規模的木造建築，充滿威嚴氣勢的建築很吸引人目光。

☎076-234-3800（石川縣金澤城‧兼六園管理事務所）⌂丸の內 ⏰7:00～18:00（10/16～2月底8:00～17:00，菱櫓‧五十間長屋‧橋爪門續櫓9:00～16:30）困無休 💴入園免費（菱櫓‧五十間長屋‧橋爪門續櫓成人310日圓、兒童100日圓）Ⓟ利用兼六停車場（第1個小時350日圓，之後每30分鐘150日圓）‼兼六園下巴士站下車步行5分 🗺21 D-1

扶持藩祖前田利家的阿松夫人

以賢妻聞名的前田利家正室，阿松，世人甚至認為若沒有賢內助阿松，就不會有加賀百萬石的繁華歷史。

見證前田家榮景的
優美奧方御殿

成巽閣 せいそんかく

江戶時代後期前田家13代齊泰為母親真龍院建造的奧方御殿，融合書院造和數寄屋造兩種樣式的建築相當出色。隨處可見鑲嵌的花鳥圖案，除了營造出女性風情外還能從富麗堂皇的設計一窺加賀百萬石的榮華富貴。已登錄為國家重要文化財。

☎076-221-0580 🏠兼六町1-2
🕐9:00～17:00 🈺週三(逢假日則開館，翌日休) ¥700日圓(特別展1000日圓) 🅿有 🚌成巽閣前巴士站下車即到 MAP 21 E-3

以彩繪玻璃點綴
祭祀前田家的神社

尾山神社 おやまじんじゃ

祭祀加賀藩祖前田利家與正室阿松夫人的神社，還珍藏著利家愛用的佩刀、盔甲等物品。三層拱型的樓門，為融合日中西樣式的嶄新設計。色彩鮮豔的五色彩繪玻璃，營造出一股異國的風情。安裝在神門上的避雷針，據說是日本最古老的避雷針。

☎076-231-7210 🏠尾山町11-1
🕐境內自由參觀 🅿有 🚌南町巴士站下車步行3分 MAP 20 C-1

1 能欣賞小鳥造型玻璃彫刻的「松之間」
2 可一望「つくしの緣の庭園」的外側走廊，長達17m都沒有一根柱，開放感十足
3 地處金澤城的巽方(東南)，當初曾被稱為巽御殿

周邊圖 ○P.18

[地圖：尾山神社、金澤城公園、檢察庁、裁判所、兼六園下、石川門、兼六園、157、大和、広坂合同庁舎、県政記念しいのき迎賓館、香林坊、10、広坂、縣立傳統產業工藝館、金澤市役所、金澤21世紀美術館、成巽閣、縣立美術館、縣立歷史博物館、兼六坂上、步行10分]

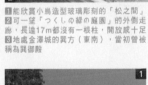

1 嶄新設計的神門
2 越過神門後即莊嚴肅穆的社殿

在整頓成為金澤城公園前曾經是金澤大學的校園。

41

深入認識百萬石文化
精選優質的美術館、博物館

若想要瞭解加賀百萬石的文化、歷史
推薦可造訪美術館和博物館。
還能成為小小的「百萬石達人」喔。

①思索空間。前方是倒映著思索空間棟和天上雲朵的水鏡之庭
②思索空間的內部
③館內有鈴木大拙著作和照片等企畫展示

呈現金澤出身的佛教哲學家的世界

鈴木大拙館

‖本多町‖すずきだいせつかん

介紹金澤出身、享譽世界的佛教哲學家・鈴木大拙的思想和為人的設施，設計則出自國際級建築師谷口吉生之手。館內採取以迴廊連結3棟建築和3座庭園的回遊式構造，可在「思索空間」和「水鏡之庭」的寂靜氛圍中自由沉思。

☎076-221-8011 🏠本多町3-4-20
🕐9:30～17:00 🈺週一 🈹300日圓 🅿無
🚏本多町巴士站下車步行3分

集結所有的石川傳統工藝

石川縣立傳統產業工藝館

‖兼六園‖いしかわけんりつでんとうさんぎょうこうげいかん

展出石川縣內所有36業種的傳統工藝品與製作過程，並於每個月的企畫展中介紹傳統工藝的「現況」。附設商店內陳列著眾多美麗、獨特的商品，還有很多是適合買來當禮物送人的單件作品。

☎076-262-2020 🏠兼六町1-1
🕐9:00～16:45 🈺第3週四(12～3月週四休) 🈹260日圓
🅿有 🚏出羽町金沢医療センター前巴士站下車即到

齊聚一堂的石川美術工藝

石川縣立美術館 いしかわけんりつびじゅつかん

從加賀藩的古美術品到現代的繪畫、彫刻、工藝品等,石川美術工藝齊聚一堂。當中也有人間國寶和藝術院會員的作品。

☎076-231-7580 ⌂出羽町2-1 ◷9:30～18:00(視季節更動開館時間)
㊡換展期間 ¥收藏展360日圓 ℙ有 ‼広坂巴士站下車步行5分 MAP21 E-3

體驗金澤能樂「加賀寶生」的魅力

金澤能樂美術館

‖広坂‖ かなざわのうがくびじゅつかん

除了展示能讓人認識加賀寶生的珍貴能面具和能裝束外,也介紹了金澤的能樂歷史。在大受好評的「能面・能裝束區」還能變身為能劇演員、拍張紀念照,相當有趣。

可實際穿上能劇表演的裝束

☎076-220-2790
⌂広坂1-2-25
◷10:00～17:30
㊡週一(津假日則翌平日付)
¥300日圓 ℙ有
‼香林坊或広坂巴士站下車步行5分

加賀藩首屈一指的名門的傳家寶

藩老本多藏品館

‖兼六園‖ はんろうほんだぞうひんかん

該武家博物館內展示了曾擔任加賀藩筆頭家老、領有5萬石俸祿的加賀本多家所代代相傳的武具、馬具、刀劍、古文書等珍貴文物。2015年春季預定移至隔壁的建築中重新開館。

武具的展示品也很多

☎076-261-0500
⌂出羽町3-1
◷9:00～16:30 ㊡換展期間
(12～2月週四休)
¥500日圓 ℙ有 ‼広坂巴士站下車步行5分

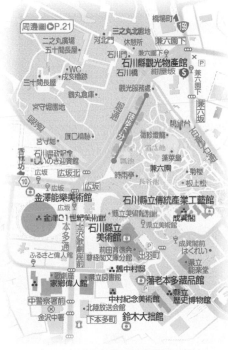
寬敞的一整層樓面中,從傳統工藝品到名點、海產、特產酒等以及金澤、加賀、能登的名產品都一應俱全,要採購伴手禮的話很方便。還設有手作和菓子的體驗區。

專屬自己獨一無二的和菓子

☎076-222-7788 ⌂兼六町2-20
◷10:00～18:00(旺季的週六・日、假日9:00～) ㊡無休(12～月的週二休)
¥免費入館 ℙ有(3輛)
‼兼六園下巴士站下車即到

探尋江戶的昔日風貌
長町武家宅邸遺址

由香林坊的繁華街稍微往西走即到長町。
在藩政時期規劃為武士居住場所的這一帶，
如今還散發著彷彿能遇見武士般的氛圍。

整個繞上一圈 **60分**

建議出遊的時段

曾經是加賀藩中級武士居住地的長町，如今土牆和石坂路等，仍保留了濃厚的昔日風情。為了阻止外敵入侵而規劃了死巷和近路，街道錯綜複雜，要小心別迷路。

1 土牆和石板路綿延的幽靜街區　2 冬季的特有景色「錆草簾」，為了預防融雪造成土塊剝落
3 吊掛在屋簷下的草鞋感覺很有氣氛　4 金澤最古老的水渠「大野庄用水」

小·小·旅·程·提·案

1 香林坊巴士站START
走到香林坊的十字路口，從東急金澤大酒店前的小路往西前進

2 長町武家宅邸遺址
土牆和石坂路仍保有城下町風貌。目前還有人居住，所以行經時請保持安靜

3 長町友禪館（舊彩筆庵）
加賀友禪的製作工房，想穿著和服在街上走的人請別錯過著裝體驗

4 舊加賀藩士高田家跡
中級武士·高田家的宅邸遺址，可參觀復原後的長屋門和池泉式回遊庭園

5 金澤市足輕資料館
能一窺足輕的儉僕生活模樣

6 貴船神社GOAL

3 長町友禪館
ながまちゆうぜんかん

從江戶時代延續至今的加賀友禪創作家工坊。館內有提供正統的染色體驗，以及穿和服逛街的著裝體驗（1天4000日圓）。

工藝品 ☎076-264-2811 ⌂長町2-6-16 ⏰9:00～17:00 無休
¥參觀350日圓 P有 ‼香林坊巴士站下車步行7分

4 舊加賀藩士高田家遺址
きゅうかがはんしたかだけあと

可參觀長屋門內的奉公人（侍從）房間與馬房等設施，從大野庄水渠引水過來的池泉回遊式庭園也很值得一看。

☎076-263-3640（金澤市足輕資料館）⌂長町2-6-1 ⏰9:30～17:00
無休 ¥免費 P無 ‼聖靈病院·聖堂巴士站下車即到

請 "Maidosan" 觀光導覽

以黃色制服為標誌的觀光志工導遊 "Maidosan"（註：金澤方言中的你好之意），會在長町武家屋敷休憩館、東茶屋休憩館、金澤市西茶屋資料館等場所常駐。不僅有景點的介紹，還有當地導遊才會知道的小知識。導覽為免費服務，但必須要預約。
（金澤市觀光協會☎076-232-5555）。

Maidosan常駐的
長町武家屋敷休憩館

長町散步途中
小憩片刻

甘味処 金花糖
C

中央小南

KANAZAWA NEW GRAND HOTEL P.93 H

武蔵ケ辻

尾山神社前

金澤市足輕資料館 ⑤

GOAL
貴船神社

北陸中日新聞社・

P.78 加賀さま本舗
坂尾甚右衛門 S

聖靈病院・聖堂

聖靈 卍

余沢靈總合病院

⑥

尾山

等雷寺 卍

舊加賀藩士高田家遺址 ④

③ 長町友禪館

道林寺 卍

北國新聞社・

157

長町武家屋敷休憩館

P.78 和菓子 村上 長町本店

S 武家宅邸遺址野村家
茶菓工房たろう 鬼川店 P.81

R 割烹むら井 P.62
香林坊ラモーダ

長町

② 長町武家宅邸遺址

R おいしいいっぷく鏑木

長町西

長町会館

WC
水落屋(すだれ)

三菱東京UFJ J
香林坊

日銀

長町研修館

ロイヤルプラザ片町

P.93
東急金澤
大酒店
KOHRINBO109

START

浄照寺 卍

老舗紀念館

前田土佐守家資料館
竹森薬局

香林坊

浄巖寺 卍

P.62
アトリエキッチン a.k.a.

香林坊郵局 〒

木倉町広場

犀川大橋

周邊圖 ○P.20

おいしいいっぷく鏑木 おいしいいっぷくかぶらき

餐具皆為九谷燒，可品當使用當季加賀蔬菜烹調的郷土料理及石川當地特有的佳餚。

和食 ☎076-221-6666 ☆長町1-3-16 ⏰9:00~22:00(週日及連假最後一天~18:00) 困不定休 P 有 ‼ 香林坊巴士站下車步行5分

甘味処 金花糖 あまみどころきんかとう

添加手作紅豆餡，湯圓和冰淇淋的自製冰淇淋餡蜜，相當美味可口。可在充滿古民宅風的復古店內慢慢享受。

甘味処 ☎076-221-2087
☆長町3-8-12 ⏰12:00~傍晚 困週二、三(逢假日則營業)
P 有 ‼ 香林坊巴士站下車步行12分

份量十足的冰淇淋餡蜜800日圓

---

5 金澤市足輕資料館
かなざわしあしがるしりょうかん

移建江戶時代的足輕住宅並復原而成的資料館。內部展示足輕的生活用具，可一窺加賀藩足輕的儉樸生活模樣。

☎076-263-3640 ☆長町1-9-3 ⏰9:30~17:00 困無休
¥免費 P無 ‼聖靈病院・聖堂巴士站下車即到

6 貴船神社
きふねじんじゃ

不論斷緣還是結緣，兩者都能祈求的罕見神社。斷緣的話得從香林坊方向進去，要結緣的話則從高岡町方向前往參拜。

☆香林坊2-11
‼香林坊巴士站下車步行5分

位於路旁的「がっぽ石」，以前是用來除掉積在木屐鞋底木齒內的雪塊。

到近江市場
購買當季美味

新鮮魚產和當令蔬菜羅列，朝氣蓬勃的市場。
從廚師到主婦都會來採買，可說是「金澤市民的廚房」。
與店家討價還價的交涉過程也會成為旅遊的回憶之一。

整個繞上一圈
60分

11 12
15
17

建議出遊的時段

能買到松葉蟹、甜蝦等日本海的海鮮以及加賀大黃瓜、紅鳳菜之類的加賀蔬菜。市場內的規劃彷彿迷宮般，請翻閱MAP確認位置。

近江町市場館
B1
2F

近江町市場
おうみちょういちば

☎076-231-1462（近江町市場商店街振興協會）🚶上近江町50 🅿有
🚌武藏ヶ辻巴士站下車即到

周邊圖●P.19 金澤站 北形青果 橋場町

大口水産
おおぐちすいさん

市場內最大面積的鮮魚店，以便宜價格提供多種魚貝類產品。店員的應對相當有活力，可試著討價還價看看。

☎076-263-4545 🚶上近江町38
🕘9:00～17:00 🈺週三

常可看到活蹦新鮮的松葉蟹，鮮甜的蟹肉紮實飽滿

46

近江町市場館

若要前往近江町市場購物，到市場重新整修的大樓「近江町市場館」就很方便。不僅有投幣式保冷寄物櫃和托兒所，還備有停車場。

2 北形青果
きたかたせいか

販售當令加賀蔬菜等的蔬果店。店長本身擁有蔬菜調理師的資格，所以只要開口詢問選購建議和美味烹調的方法都能獲得親切的回答。

☎076-223-8213 🏠下近江町50
🕘9:00～18:00 圏不定休

加賀蔬菜之一的打木紅皮甜栗南瓜，特徵是有鮮豔的橙色瓜皮和豐富的甜味

3 沖津食品
おきつしょくひん

金澤的鄉土美食「米糠漬沙丁魚」和能登的墨魚乾、一夜乾等縣內外的海產和珍味都一應俱全。

☎076-221-4610 🏠上近江町36-2
🕘9:00～17:00 圏週三

將沙丁魚放入米糠醃漬而成的「米糠漬沙丁魚」，是金澤餐桌上不可或缺的一道菜

4 島田水產
しまだすいさん

販售螃蟹時甚至會附上「島田標籤」，對自家品質超有自信的水產店。鮮度絕佳的商品幾乎都會在現場切給客人試吃。

☎076-262-9620 🏠上近江町35
🕘9:00～17:00 圏不定休（11·12月無休）

從事前處理到煮熟為止都很講究，「島田標籤」就是高品質松葉蟹的保證

■ 金澤·能登·北陸的當季美味月曆

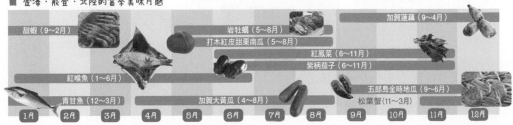

甜蝦（9～2月）
岩牡蠣（5～8月）
加賀蓮藕（9～4月）
打木紅皮甜栗南瓜（5～8月）
紅鳳菜（6～11月）
紫柄茄子（6～11月）
紅喉魚（1～6月）
青甘魚（12～3月）
加賀大黃瓜（4～8月）
五郎島金時地瓜（9～6月）
松葉蟹（11～3月）

| 1月 | 2月 | 3月 | 4月 | 5月 | 6月 | 7月 | 8月 | 9月 | 10月 | 11月 | 12月 |

若挑大部分店家要準備收店的傍晚時分過去，或許有機會能有超級優惠的折扣喔。

先大啖海鮮蓋飯
再吃遍各式近江町知名美食

以下為您挑選來到近江町市場必吃的美食。
雖然在路邊站著吃不太雅觀，但在這裡就別太介意囉。
市場才有的便宜價格也令人雀躍。

近江町海鮮蓋飯

2300日圓

金澤風格的華麗裝盤也很吸晴。本店位於步行1分鐘範圍內

14種當令食材的完美演出

甜蝦、鮪魚、鯛魚等會視季節和進貨
狀況每天調整食材，類別則多達有14
種。請一口一口慢慢品嘗這碗精心製
作的蓋飯吧。

晚上也提供多樣的割烹料理

近江町海鮮丼家 ひら井 いちば館店
おうみちょうかいせんどんぶりやひらいいちばかんてん

☎076-234-0448 🏠青草町88近江町市場館2F 🕐11:00～21:00(週三～15:30)
🈺無休 MAP 19 C-1

近江町蓋飯

堅持使用當地食材
季節感豐富的蓋飯

堅持選用當地食材，不單只有魚料，米選用
能登產越光米，醬油則是大野產。視季節會
增加山菜和毛豆。

近江町市場 海鮮どん屋
おうみちょういちば かいせんどんや

☎076-222-1176 🏠十間町32
🕐11:00～21:00 (食材用完即打烊)
🈺週三 MAP 19 C-2

1800日圓

特產酒和單品料理的種類都很豐富

最後撒上白芝麻提味

還推出了吉祥物！

近江町市場的吉祥物小近（照片左）與小江，
舉辦活動時說不定還能遇見他們呢。

甜蝦可樂餅

260日圓

市場特有的
自家製可樂餅

加入大量新鮮甜蝦做成的可
樂餅，其他還有章魚、螃蟹
口味等市場特有的可樂餅。

每天都賣光光的人氣可樂餅

近江町コロッケ
おうみちょうコロッケ

☎076-232-0341（世界の食品
ダイヤモンド）⬇️下近江町24
🕐9:00～17:00 🈳週日、假日
MAP 19 C-1

剛炸好的可樂餅並排羅列

蒲燒泥鰍

120日圓

用秘傳醬料燒烤的
金澤美食

使用創業以來不斷加料的秘
傳醬汁調味的金澤著名美
食，蒲燒泥鰍，為帶點苦味
的獨特風味。

使用嚴選的日本產泥鰍

杉本水產
すぎもとすいさん

☎076-261-3300
⬇️青草町88 近江町市場館內
🕐9:30～17:30 🈳週日、假日
MAP 19 B-1

同時也是蒲燒鰻魚的名店

烤鮑魚

800日圓～

連殼一起烤，請趁熱享用

剛烤好的鮑魚，充滿彈性、
咬勁十足的口感真叫人無法
抗拒。因為是連殼一起豪邁
地燒烤，所以湯汁也能保留
下來。

近江町旬彩燒
おうみちょうしゅんさいやき

☎076-232-2758（大松水
產）⬇️上近江町21-1
🕐9:00～15:00
🈳週三（不定休）
MAP 19 C-1

點餐後才燒烤所
以端上桌時是熱
呼呼的

由鮮魚店直營的炭
烤店

市場附近還有這些美食

金澤咖哩

酥脆的豬排加上高麗菜絲，搭配叉匙或叉子享用的
「金澤咖哩」。獨特濃郁的醬汁和風味，讓全國的粉
絲數量急速上升中。
一定要來試試這道屬
於金澤的靈魂美食。

G豬排咖哩（M）800日圓

ゴールドカレー 武蔵店
ゴールドカレー むさしてん

☎076-234-0634 ⬇️武蔵町15-1名鐵M'ZA B1F
🕐11:00～21:00 🈳無休 🅿️無 🚌武蔵ヶ辻巴士站下車即
到 MAP 19 B-1

海鮮蓋飯得排隊等候，所以請預留些時間。

尋訪金澤三文豪
沉浸文學浪漫的氛圍中

培育泉鏡花、室生犀星、德田秋聲等著名文豪的金澤。
探訪小說中登場的實地場景及文豪們的故居
來趟愜意的文學散步吧。

泉鏡花
いずみきょうか

美麗夢幻的
獨特世界

1837（明治6）年〜1939（昭和14）年
師事尾崎紅葉，21歲時以作
品『義血俠血』成名。流利
文筆撰寫的幻想風格作品，
有多部已經搬上舞臺和大螢
幕。代表作有『高野聖』
『婦系圖』等。

1 陳列著泉鏡花『照葉狂言』的親筆原稿
2 呈現鏡花美學的美麗初版本
3 紀念館建於從大馬路進去的下一條街道上

泉鏡花紀念館 ‖下新町‖いずみきょうかきねんかん

建於鏡花孩提時代住過的老
家遺址上，展有鏡花的愛用
品、親筆原稿、裝訂極美的
初版本等。

☎076-222-1025 ⌂下新町2-3
🕘9:30〜16:30 ¥300日圓
㊡換展期間 Ⓟ有
‼橋場町巴士站下車步行3分
因翻修工程，於2014年12月8日至
2015年3月上旬（預定）休館

德田秋聲
とくだしゅうせい

描寫「原本樣貌」的
自然主義代表作家

1871（明治4）年〜1943（昭和18）年
和泉鏡花同為尾崎紅葉的弟
子。與田山花袋、島崎藤村
一同奠定了寫實風格的自然
主義文學。代表作有『あら
くれ』『縮圖』等。

德田秋聲紀念館 ‖東山‖とくだしゅうせいきねんかん

以與德田秋聲的代表作相關
聯的5位女性為主題的劇場
為參觀焦點，還重現了東京
本鄉自宅的書齋原貌。

☎076-251-4300 ⌂東山1-19-1
🕘9:30〜16:30 ¥300日圓
㊡換展期間 Ⓟ有
‼橋場町巴士站下車步行3分

1 建於淺野川沿岸、梅之橋旁的紀念館
2 在重現的書齋中展示著親筆原稿、鋼筆和字典等遺物
3 德田秋聲小時候就住在東茶屋街 P.26附近，小說『插話』即描寫在茶屋街工作的女性

泉鏡花紀念館
久保市乙劍宮　　淺野川大橋
料理旅館まつ本
梅之橋　　德田秋聲紀念館
瀧白絲碑與銅像
尾山神社　金澤城公園
石川四高紀念文化交流館
犀川大橋　兼六園
室生犀星紀念館
妙立寺　室生犀星文學碑
周邊圖 ●P.18

室生犀星
むろおさいせい

鍾愛犀川的
抒情文豪

1008（明治22）～1962（昭和37）年將金澤、犀川等對故鄉的思念化成抒情文字創作的詩人、作家。以『幼年時代』奠定作家的地位，『對性醒悟時』中以金澤為舞臺描述主角在性愛上的覺醒。

① 將超過150冊著作的書封如裝置藝術般地展示
② 室生犀星愛用的眼鏡
③ 室生犀星很喜歡走下坡道到犀川河畔散步

室生犀星紀念館 ‖野町‖むろわさいせいきねんかん

展示室生犀星的手寫原稿、愛用品、交友關係和為人等介紹，還有販售結合室生犀星的詩或俳句和照片所印製而成的明信片。

☎076-245-1108　千日町3-22
⏰9:30～16:30　¥300日圓
換展期間　Ｐ有
片町巴士站下車步行6分

展示三文豪資料的磚造交流館
石川四高紀念文化交流館

‖香林坊‖いしかわしこうきねんぶんかこうりゅうかん
利用舊第四高中建築規劃而成的文化交流館。由東側陳列三文豪相關展示的石川近代文學館，以及西側追憶往昔的四高紀念館等兩個設施所組成。

磚造建築的後方是石川四高公園

☎076-262-5464　広坂2-2-5
⏰9:00～21:00（展示～17:00）　¥360日圓（四高紀念館免費）無休　Ｐ有　香林坊巴士站下車即到

水流湍急的犀川是為「男川」、涓涓細流的淺野川則稱為「女川」，以這兩條河川為舞臺孕育出了許多文學作品。

優雅流淌的淺野川

氣勢磅礡的犀川

室生犀星喜愛的犀川河畔是一片綠地，很適合悠閒散步其間。

機關很多的
「忍者寺」相當有趣

位於寺町的妙立寺乍看之下為普通的寺院，
別名為「忍者寺」，內有陷阱、隱藏階梯、暗道等許多為了
欺敵而設計的機關。相當值得親臨現場一探究竟。

整個繞上一圈
90分
妙立寺的參觀時間約40分

12
9　　　　15
16
建議出遊的時段

附導覽員解說，所以請事先預約。周邊即寺町寺院群，有許多歷史悠久的寺院，因此可一併造訪。或是再走遠一點到西茶屋街，漫步在格子戶建築林立、充滿風情的街區。

讓人驚奇的眾多機關，別名「忍者寺」

妙立寺 ‖野町‖ みょうりゅうじ

外觀只是間極為普通的寺院，但內部卻設有許多機關。外觀乍看下為2層樓，但其實2樓中又有2樓，因此內部總共有4樓、分成7層，還有23個房間、29座階梯，就像個迷宮般。有隱藏階梯、陷阱、瞭望台等豐富的參觀焦點。參觀需預約。

※不接待幼童

寺院 ☎076-241-0888 🏠野町1-2-12
🕐9:00～16:30(11月下旬～3月初旬～16:00)　休 舉行法會日
¥800日圓　P有　🚻広小路巴士站下車步行3分

1 守護主君的武士待命場所，掛軸的後方有道隱藏門
2 拆開地板後即可看到隱藏階梯，據說是脫逃時的緊急出口
3 機關賽錢箱，敵人入侵時會當成陷阱利用
4 約25m深的水井。中間位置有個橫洞，據說是通往金澤城的捷徑
5 位於隱藏階梯前方的茶室「霞之間」。為了避免敵人揮刀所以天花板很低

妙立寺曾經是防守金澤城的要塞

加賀藩的3代藩主前田利常為了加強金澤城的防守，建造了寺町寺院群代替兵營。其核心就是妙立寺，亦即防禦金澤城的要塞。因此也就能理解設置複雜機關的緣由了。

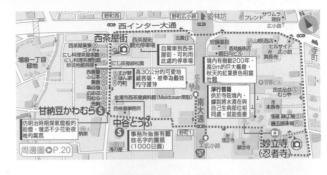

金澤／忍者寺

精選大豆製作的豆腐甜點頗受歡迎

中谷とうふ
‖野町‖なかたにとうふ

使用精選大豆的豆腐店。除了100％北陸大豆製作的豆乳霜淇淋之外，豆腐店獨家的養生甜點也深獲女性喜愛。

伴手禮 ☎076-244-6221
⚲野町⒉-19-13
🕙10:00～19:00
困不定休 🅿無
‼広小路巴士站下車步行3分

豆乳霜淇淋和
豆腐冰淇淋
（皆為350日圓）

加賀藩武士也常光顧的金澤三茶屋街之一

西茶屋街
‖野町‖にしちゃやがい

與「東茶屋街」「主計町」同列為金澤三茶屋街。據說以前有許多武士前來光顧，現在則是料亭林立，別有意趣的街區。夜晚經常可聽到彈奏三味線的琴聲，讓人感受到濃郁的花街氛圍。

茶屋街 ☎076-220-2194（金澤市觀光交流課） ⚲野町内 🅿有 ‼広小路巴士站下車步行3分

溫馨可愛茶屋街的甘納豆

甘納豆かわむら
‖野町‖あまなっとうかわむら

金澤唯一的甘納豆專賣店。堅持選用日本產優質原料，完全不添加防腐劑和色素。除了大納言紅豆、金時豆、州濱等熱門商品外，還有保留澀皮的栗子、豌豆等多樣產品。

和菓子 ☎076-282-7000 ⚲野町2-24-7 🕙9:30～18:00（週日、假日～17:00）困第1週二（逢假日則營業）🅿有 ‼野町広小路巴士站下車步行3分 🗺P.80

1袋260日圓。包裝也很好看，很適合買來當伴手禮送人

忍者寺的導覽員解說淺顯易懂又有趣，要仔細聽喔。

讓人驚豔的工匠技藝
傳統工藝的小小體驗

九谷燒、加賀友禪、金澤箔等等，
自古以來的傳統工藝也是金澤的魅力之一。
做一個自己專屬的作品當成旅遊的回憶吧。

加賀友禪

由稱為「加賀五彩」的臙脂、藍、黃土、草、古代紫等5色所構成，沉穩的色彩為其特徵。寫實的植物花鳥圖案，以及「疊染」、「蟲蝕」的技法皆為加賀友禪特有的風格。

完成

流程

1 5色染料、上色時使用的版型和已描繪底圖的手帕

2 首先從葉片開始上色，重點的花朵部份請習慣筆觸後再描繪

3 上色時由外向內、由濃轉淡慢慢疊染

4 只要用手壓住固定好版型就不會失敗

輕鬆體驗友禪染

加賀友禪傳統產業會館 ‖兼六園‖ かがゆうぜんでんとうさんぎょうかいかん

能欣賞加賀友禪的作品展示和友禪藝術家的現場製作。穿上加賀友禪拍照的「和服穿著體驗（2000日圓～，附明信片）」也很熱門，還能穿著上街逛逛。

☎076-224-5511
🏠小将町8-8 ⏰9:00～17:00
㊡週三(逢假日則營業) ¥300日圓
🅿有 🚌兼六園下巴士站下車步行3分 MAP 21 F-2

（體驗DATA）所需時間：30分鐘～
費用：型染彩色手帕1620日圓、手繪手帕2700日圓等　團體需先預約

還提供穿和服上街散步的體驗

金澤傳統工藝興盛的緣由

歷代的加賀藩主都愛好茶道，並獎勵相關的工藝發展。同時，比起武藝、更著重在工藝和藝能方面的投資，也是為了要降低江戶幕府的戒心。

九谷燒

以名為九谷五彩的「紅、綠、黃、紫、深藍」所描繪的圖案為特徵。在純白的瓷器表面，宛如繪畫般地塗上鮮豔的色彩。

在老舖窯場體驗九谷燒

九谷光仙窯

‖野町‖ くたにこうせんがま

在手繪體驗中可從馬克杯等25種器皿裡挑選一樣來描線，由職人上色後再宅配寄送到府。

完成

創作世界唯一的九谷燒作品

☎076-241-0902 ⌂野町5-3-3
🕐9:00～16:00(體驗)、～16:30(參觀)
🈺無休 🅿有 ‖野町駅巴士站下車即到
MAP 18 A-4

（體驗DATA）所需時間：1小時　費用：酒盃1080日圓～，茶杯1950日圓～、咖啡杯2160日圓等。5人以上需預約（可當日）

金澤箔

金箔產量佔全國98%的金澤箔。薄度只有1萬分之1mm，甚至用手指稍微摩擦一下就幾乎會脫落般細緻，完全出自於職人的精湛手藝。

由金箔加工而成的藝術箔

吸睛的多樣金箔商品

かなざわカタニ ‖下新町‖

在老字號的金箔店內，美容用金箔、吸油面紙等金箔商品相當豐富。

可體驗工匠細膩技藝的貼金箔

☎076-231-1566 ⌂下新町6-33
🕐9:00～17:00 🈺無休 🅿有
‖尾張町巴士站下車即到 MAP 19 A-4

（體驗DATA）所需時間：60分
費用：小碟900日圓、小盒1100日圓　需預約

金澤漆器

簡單的造型，襯托出華麗的金銀蒔繪。未上漆前是美麗的淺木紋，經過金澤獨特的塗漆方式後呈現出優雅的質感。

傳統高級漆器很有欣賞的價值

完成

高級漆器到日常用品齊備

能作 ‖廣坂‖ のさく

販售金澤漆器、加賀蒔繪、輪島塗等商品的老舖漆器店，從高級品到平價的小物類都有。

☎076-263-8121 ⌂広坂1-1-60 🕐10:00～19:00 週三 🅿有 ‖香林坊巴士站下車步行3分 MAP 20 C-2

（體驗DATA）所需時間：約1.5小時
費用：3240日圓　需於前日預約

除了上述之外，金澤還有桐工藝、二俣和紙、加賀繡、加賀象嵌、加賀毛針等傳統工藝。

優雅的動作擄獲人心
點茶初體驗

在可一覽美麗日本庭園的茶室，靜靜地品嘗抹茶。
雖然嚮往這樣的光景，但總覺得茶道世界的門檻很高，
不過在金澤卻有能夠輕鬆品茶的茶室呢。

將茶碗的正面
以順時針方向
分2次轉向主人後
再就口。

日本庭園與和服裝扮，
好有氣氛喔。

從緣廊可欣賞
美麗的庭園景色。

先享用甜滋滋的和菓子
再品嘗微苦的抹茶，滋味剛好！

抹茶喝完後，
再將有圖案的正面
轉回自己面前。

在金澤平常飲用的茶
就是「棒茶」

在金澤一般會喝只用茶梗部分煎焙而成的焙茶。特徵是濃郁的香氣，普遍稱之為「棒茶」。另外由於當地茶道盛行，所以有很多能享用抹茶的咖啡廳。近年來，口感溫潤的加賀紅茶也很有人氣。

在家裡品茶時
推薦焙茶。

茶包裝一袋
〔季乃棒（ときのぼう）〕
3g×12包864日圓

一袋
〔夏乃棒（なつのぼう）〕
5g×10包864日圓
（夏季限定）

金澤焙棒茶
〔棒棒（ぼうぼう）〕
50g裝864日圓

位於兼六園內。

抹茶附特製
生菓子720日圓
（煎茶附和菓子310日圓）

可細細品味
濃醇芳香的加賀紅茶。

加賀紅茶附和菓子的套餐520日圓

松風園茶舖
‖長土塀‖しょうふうえんちゃほ

販售嚴選日本產茶葉煎焙而成的芳醇焙茶。入喉時毫無澀味和苦味，只有濃郁的香氣。夏天冰過再喝更別有一番風味。

日本茶 ☎076-261-5879 ⌂長土塀1-18-36
🕙10:00～19:00 困不定休 Ⓟ有
‼長土塀巴士站下車即到

時雨亭
‖兼六園‖しぐれてい

2000年於現在的場所重建、位於兼六園內的茶室，能品嘗到美味的抹茶和煎茶。從緣廊眺望的日本庭園景色相當漂亮。

喫茶 ☎076-232-8841 ⌂兼六町1-5兼六園内 🕙9:00～16:00(最後點餐) 困無休
‼兼六園下巴士站下車步行10分

上林金沢茶舖
‖下新町‖かんばやしかなざわちゃほ

在金澤三文豪之一的泉鏡花誕生地上開設店面的老字號茶行。店家特調的加賀棒茶「鏡花」777日圓，香氣濃郁深獲好評。

喫茶 ☎076-231-0390 ⌂下新町1-7
🕙9:30～17:30 困無休 Ⓟ有
‼尾張町巴士站下車步行3分

品嘗抹茶時若有附和菓子，則先吃甜點才是正確的規矩。

周邊圖◆P.18

旅行的據點・金澤站
不論用餐或購物都很方便

金澤站經過重新開發後，搖身一變成為簡單俐落風格的金澤門戶。
是最適合做為旅行的起站和終站的區域，
也有許多飯店、餐飲店和購物商店。

覆上一層玻璃的開放式明亮空間

以玻璃和鋁合金打造出的現代空間
玻璃巨蛋 もてなしドーム

點亮JR金澤站東口、以玻璃和鋁合金建造的巨型圓頂建築。設計的概念是以金澤人的體貼和歡迎的心意為出發點，避免旅客被雨雪淋濕所

以「悄悄地撐起一把大傘」。最高的部分達29.5m。抬頭仰望，幾何學圖案的另一端就是寬廣的金澤天空。

將行李寄放在投幣式置物櫃
抵達金澤後，就先寄放大件行李吧。若還未到飯店Check in的時間，可先利用車站內的大型投幣式寄物櫃。

以能劇為設計靈感
的和風大門
鼓門 つづみもん

位於玻璃巨蛋正面入口的「鼓門」，高約14m。與玻璃巨蛋成對比，是用帶有溫度的木質素材打造而成。以金澤興盛的能樂太鼓為設計意象。

首先在這裡拍張紀念照吧

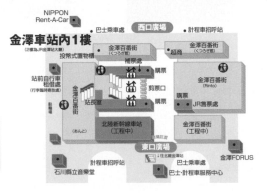

金澤車站內1樓

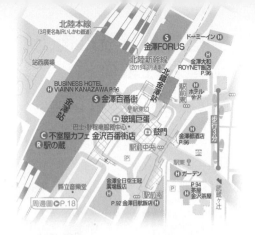

最適合一次購齊伴手禮

金澤百番街 かなざわひゃくばんがい

位於JR金澤站的大樓內，由伴手禮、餐飲區的あんと、くつろぎ館、流行區的Rinto等3區組成。和菓子和工藝品、特產酒和珍味等金澤代表性的名產一應俱全，

可一次購齊所有的伴手禮、相當方便。咖啡廳、餐飲店的選擇性也很多，可坐下來休息喘口氣。

購物中心
☎076-260-3700 ⭕木ノ新保町1-1 金澤車站內 🕐あんと(購物8:30〜20:00、餐飲11:00〜22:00[部分10:00〜]，視店鋪而異)、くつろぎ館7:00〜23:00(視店鋪而異)、Rinto 10:00〜20:00 **困**無休 **P**有特約停車場
※ふれあい館至2015年3月前進行改裝工程。

由麩老舖所經營

不室屋カフェ 金沢百番街店 ふむろやカフェかなざわひゃくばんがいてん

由加賀麩的老舖「不室屋」所經營的咖啡廳。供應使用金澤傳統食材麩的養生午餐以及甜點等，能品嘗麩的新吃法。

咖啡廳 ☎076-235-2322 ⭕木ノ新保町1-1 金澤百番街くつろぎ館內 🕐9:00〜19:00 **困**無休

烤麩五色湯套餐「ふやき御汁弁当」1566日圓

金澤的新潮流發信地

金澤FORUS かなざわフォーラス

位於JR金澤站東口、約180家專櫃進駐的流行大樓。以服飾店為中心，雜貨、餐飲店和電影院等一應俱全。

從購物到用餐都能在同一棟大樓內解決

購物中心
☎076-265-8111 ⭕堀川新町3-1 🕐10:00〜21:00(視店鋪而異) **困**無休 **P**有
🍴JR金澤站下車即到

用鄉土料理佐上一杯

駅の蔵 えきのくら

除了石川鄉土料理之外，還可輕鬆品嘗加賀蔬菜、新鮮海產等季節料理的車站內居酒屋。午餐菜色也很豐富。

和食餐廳 ☎076-234-1124 ⭕木ノ新保町1-1 金澤百番街くつろぎ館內 🕐11:00〜23:00 **困**無休

左起順時針方向為加賀治部煮(950日圓)、魚汁鍋(842日圓)、荷葉蒸加賀蓮藕(918日圓)

玻璃巨蛋的地下樓為廣場，有時也會舉辦活動和展覽會。

到竪町＆新竪町街上遊逛個性派商店

流行發信地、年輕人聚集的熱鬧竪町與雜貨屋和骨董品店等個性商店林立的新竪町。有好多家店都讓人很想進去瞧一瞧呢。

🥾 竪町繞上一圈
60分
建議出遊的時段

從片町商店街的麥當勞轉彎後直走就是竪町。走約5分鐘後會碰到紅綠燈、過了馬路就是新竪町商店街。來回也不過才15分鐘、因此若不小心看漏了想要找的店家也沒關係。

1 可愛造型的加賀友禪小物很吸睛

加賀友禪の店 ゑり華
かがゆうぜんのみせゑりはな

別在和服背面展現穿搭品味的加賀貼花2160日圓～

除了一流藝術家的加賀友禪和服外、還有價格實在的和風小物、手巾等原創商品。使用能登上等麻布、二俣和紙等石川縣傳統工藝製作的商品也很有人氣。

🛍 工藝品 ☎076-261-9188 🏠竪町34
🕐10:00～19:00 週三 🅿無
🚌片町巴士站下車步行3分

2 收藏近3萬冊的次文化舊書

オヨヨ書林 オヨヨしょりん

從東京青山遷移過來、專以少數讀者群的次文化為主的舊書店。蒐集了藝術、設計、電影、音樂等相關書籍和雜誌多達有3萬冊。

🛍 舊書 ☎076-261-8339 🏠新竪町3-21
🕐11:00～19:00 週三 🅿無 🚌タテマチ巴士站下車即到

3 原創的友禪小物在實用性上也很出色

創作きもの・こもの 竹屋
そうさくきものこもののたけや

友禪吊飾720日圓與原創書衣1620日圓（大）、1512日圓（小）

除了加賀友禪外、也有販售創作和服。數寄屋建築樣式的沉靜店內有許多現代設計的和風小物、新作的原創商品也相當豐富。

🛍 工藝品 ☎076-222-0006 🏠竪町17
🕐10:00～18:30 週三（逢假日則營業）🅿有 🚌片町巴士站下車步行5分

4 茶點超美味的老字號茶專賣店

野田屋茶店 のだやちゃてん

冰淇林紅豆湯圓470日圓。可在逛街途中順道前往

販售全國50款茶葉的茶專賣店。店內設有喫茶空間、搭配抹茶霜淇淋和大量紅豆的冰淇淋紅豆湯圓很受歡迎。

🛍 喫茶 ☎076-221-0982 🏠竪町3
🕐9:30～19:00（夏季～19:30）無休
🅿無 🚌竪町巴士站下車即到

周邊圖 ◎P.20

新竪町是一條骨董街

新竪町商店街上，有許多販售書畫、茶具、和食器等骨董品的店家。隨意閒逛找看看有沒有自己喜歡的東西也很有樂趣。

5 能讓生活變得更好的精選設計產品

Cazahana カザハナ

店內陳列著老闆覺得出色的設計、在不設限種類與年代下所精挑細選的商品，有畫龍點睛效果的生活雜貨、室內擺飾和骨董小物等。

英國Hafod Grange公司生產的文鎮S 6264日圓、L 9504日圓。

🔹雜貨 ☎076-225-7719 🏠竪町108 シュミートテライ1F
🕐11:00～20:00 🈲週三 🅿無 ‼タテマチ巴士站下車即到

6 可輕鬆體驗和服的和服精品店

kimono 畳世
キモノ たたみぜ

復古時尚的休閒和服、原創和風小物等商品一應俱全的和服精品店。享受完購物樂趣後，還可到附設的小咖啡廳喝杯飲料小憩片刻。

🔹咖啡廳 ☎076-263-2632
🏠新竪町3-95 🕐11:00～18:00
🈲週二・三、不定休 🅿無
‼新竪町巴士站下車即到

還有充滿少女情懷風格的髮飾1380日圓、吊飾1260日圓等商品

7 充滿活力與懷舊氣氛的老派新式蔬果店

八百屋 松田久直商店
やおや まつだひさおしょうてん

雖然外觀為和風時尚、現代品味的店鋪，但平臺上的竹簍擺著蔬菜、秤重計價都還維持傳統的方式。除了加賀蔬菜菜外，還陳列著新鮮蔬果和自製配菜。

🔹蔬果 ☎076-231-5675 🏠新竪町3-104 🕐8:00～18:00
🈲週日、假日 🅿有 ‼新竪町巴士站下車即到

開業已100年以上的老舖歷經換老闆、改店名後依舊持續營業中

8 可悠閒度過時光的懷舊小酒館

パーラー・コフク

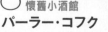

將前身為理髮店的古老建築，保留當時的懷舊氛圍改裝而成

的小酒館。中午過後即可輕鬆享用酒類飲料，相當受歡迎。

火腿蛋熟三明治600日圓

🔹咖啡廳 ☎076-221-7757 🏠新竪町3-118 🕐15:00～22:00
🈲週三、第2週二、不定休 🅿無 ‼新竪町巴士站下車即到

[地圖]
Ｐ
🅿
ホテルクラウンヒルズ金沢
十金沢教会
🅿
🅿
金澤市役所
パティオ
🍴メゾンデュボンヌール
🍴フルオブビーンズ P.63
市役所南分室
🅂加賀友禪的店 ゑり華
🍴ベルセル
🅂創作きもの・こもの 竹屋
🅂Cazahana
卍円德寺
野田屋茶店
竪町商店街
タテマチ
ＡＰＡ金沢片町
🅂新竪町
新竪町郵局
竪町
🅲kimono
🅲畳世
🅂新竪町
P.84 アンティーク フェルメール🅂
八百屋
松田久直商店
P.85 ギャルリノワイヨ🅂
パーラー・コフク🅲
オヨヨ書林🅂
KiKU P.84
新竪町小
🅂 benlly's & job P.85

雖然車子不多，但並沒有規劃成徒步區所以還是要留意安全。

前往金澤的主要街道
吃遍香林坊&片町

香林坊&片町即金澤最大的鬧區。
不僅是主要街道兩旁，連柿木畠、木倉町通等巷道內
都有許多老饕會上門光顧的美味店家。

綜合生魚片5種1290日圓

烤紅喉魚（時價）

美味出眾的豪邁生魚片
いざかや勇人 いざかやはやと

食材是老闆親自前往市場選購，一吃
就知道新鮮度的不同。料理自然呈現
北陸當季的美味，不論是氣氛、風
味、分量都令人滿意，緊緊抓住顧客
的心。

居酒屋 ☎076-231-3233
⏱片町1-11-2 ⏱18:00～翌3:00
㊡不定休 Ⓟ無
‼片町巴士站下車步行3分

順道經過不妨就進去
看看吧

午間限定的炸甜蝦蓋飯無比美味
割烹むら井 かっぽうむらい

以便宜價格就能享用的老舖割烹。一
天限定10份的炸甜蝦蓋飯，是只有午
餐才吃得到的熱門餐點。晚上則提供
新鮮的魚料理。

充滿整潔感的店內

割烹 ☎076-265-6555
⏱香林坊2-12-15
⏱11:30～14:00、16:30
～22:00 ㊡無休 Ⓟ有
‼香林坊巴士站下車即到

炸甜蝦蓋飯1000日圓，
大尾甜蝦多達6～7條

在露天咖啡廳享受午茶時光
カフェ・アルコ プレーゴ

歐風的店面讓人印象深刻，天氣晴朗
時還會規劃成露天咖啡廳。推薦品嘗
由咖啡師一杯一杯精心沖泡的飲品，
午餐的菜單也很多樣。

咖啡廳 ☎076-223-7333
⏱片町1-3-21 プレーゴ內
⏱11:00～22:00（週五・六、假日前日～
23:30）
㊡無休 Ⓟ無
‼片町巴士站下車即到

描繪出兔子、熊、愛心、菓子等可愛圖案的創
意拉花卡布奇諾430日圓

購物大樓也很好逛喔

香林坊的十字路口有「香林坊大和」和「KOHRINBO 109」兩棟購物大樓，也可選擇到百貨公司地下美食街或餐廳消費。

相隔街相對的兩棟購物大樓
上／香林坊大和
下／KOHRINBO 109

金澤特有的中國菜
全開口笑
ぜんかいこうしょう

能吃到使用當地食材的金澤特有中國菜。加了松葉蟹肉的豪華萵苣炒飯、特製的全笑餃子都很受歡迎。

中國菜 ☎076-222-4262 ↑柿木畠5-7 ⏰11:00～14:00、18:00～22:30 休週一 P無 ‼香林坊巴士站下車步行5分

萵苣炒飯1280日圓。全笑餃子540日圓。1F還有價格更便宜的「全開好好酒場」。

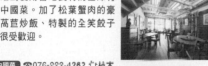

請將黑糖蜜和黃豆粉充分拌勻後再吃。本蕨餅890日圓（附加賀棒茶）

在潺潺流水的伴襯下巾享受咖啡時光
つぼみ

溫暖的木質裝潢讓人感到放鬆的和風咖啡廳。現點現做的本蕨餅，是以稀少的日本產蕨粉為原料所製成的講究甜品。

咖啡廳 ☎076-232-3388 ↑柿木畠3-1 ⏰11:00～19:00 休週三 P無 ‼香林坊巴士站下車步行5分

庭院前有水場流經

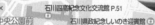

石川四高紀念文化交流館 P.51
中央公園前
石川縣政紀念的しいのき迎賓館
市役所前 広坂2
香林坊 兼六園
第一生命 ⑩ 百萬石通
吃之目寿司 能 R P.55·82 R P.43金澤能樂美術館
本店
聖ヨセフ P.82金沢·クラフト広坂
金沢カトリック教会
ホテルクラウン 金澤市役所◎ 市役所前
Hヒルズ金沢 柿木畠
R いたる 本店 R P.22
P.70 金澤21世紀美術館
全沢 広坂ハイボール P.25 Fusion 21 C
全開口笑 P.77
教会 C つぼみ
步行5分
フルオブビーンズ ふるさと偉人館
加賀友禅の店 彩り華 P.60 周邊圖 C P.20

人氣餐點的十六穀米Hanton Rice 950日圓。炸蝦請沾牛肉燴醬和塔塔醬享用

舒適度超群的古民宅咖啡廳
フルオブビーンズ

即使女性獨自前往也能悠閒享受時光的咖啡廳。白天有咖啡和午餐，晚上則提供酒及使用當地食材烹調的單品料理。

咖啡廳＆創意料理 ☎076-222-3315 ↑里見町41-1 ⏰11:00～22:00 休週三 P無 ‼香林坊巴士站下車步行5分

得脫鞋才能入內的店，可如同在自家般放鬆

商店街週三公休的店家很多，請留意。

在知名料亭
品嘗嚮往的加賀料理

加賀料理給人美味、優雅以及豪華的印象。
由一流師傅以精湛手藝烹調而成，堪稱是藝術的料理，
只要嘗過一次就會是一輩子難以忘懷的回憶。

1 10000日圓的全餐中的部分菜色。職人以精湛手藝製作的料理會一道一道端上桌 **2** 能感受到名門料亭的風格和歷史的氛圍 **3** 250年以上歷史的建築物感覺很有意境 **4** 使用長30cm的大尾鯛魚製作的傳統清蒸料理 **5** 看起來很有震撼感的名菜キジの羽盛り

承襲傳統風味與手藝
前田家的御用名門料亭

大友楼

‖尾山町‖｜おおともろう

從第3代藩主前田利常的時代以來就負責加賀藩的御膳，承襲了嚴謹的傳統料理和古儀式料理。清蒸鯛魚、治部煮和杜父魚料理等高級金澤鄉土料理，裝盛在美麗的九谷燒和加賀蒔繪漆器上看起來相當豪華。名為キジの羽盛り的雉雞料理也是招牌菜之一。散發著優雅風情的藩政時代建築也有極高的歷史價值。

☎076-221-0305（需預約）
⌂尾山町2-27
🕐11:30～14:00、17:30～21:00 困無休 🅿無
🍴南町巴士站下車即到
MAP 18 B-3

（菜單）

午間加賀料理全餐　6000日圓～
晚間加賀料理全餐　12000日圓～
菜色中一定會有金澤知名的治部煮和清蒸鯛魚
※午晚間的包廂費、服務費、消費稅另計，不提供刷卡服務

不可不知的和食禁忌
・湯碗蓋不可倒扣放
・不可將筷子擱在碗碟上
・吃烤魚時不可翻面
要記住以上的基本禮儀喔。

金澤聞名全球的優雅風味

日本料理 錢屋

||片町||にほんりょうりぜにや

能品嘗到金澤特有的細緻料理。料理長的精湛手藝、重視季節感的裝盤和調味，妝點出高雅的美感。房間內的輪島塗桌、優雅的畫軸等擺飾，營造出濃郁的風情。

■鄉土色彩濃厚、充滿優雅感的料理　■房間均為包廂式，也可選擇吧檯座

☎076-233-3331(需預約)
⌂片町2-29-7
⏰12:00～14:00、17:30～22:00
困週日不定休 Ｐ無
🍴片町巴士站下車步行5分
MAP 20 B-3

（菜單）
午餐10800日圓～
晚餐10800日圓～
午晚餐的服務費均為另計，包廂費也另計(含稅)

品嘗洗練的創意懷石料理

つる幸

||武蔵ヶ辻||つるこう

除了能品嘗正統的風味外，還有以加賀蔬菜等、大量新鮮當地食材烹調的新型態懷石料理。「加賀大黃瓜盅」是出自第2代年輕老闆充滿創意的傑作，被稱為「夏天的治部煮」，頗受歡迎。

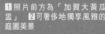

■照片前方為「加賀大黃瓜盅」　■可奢侈地獨享風雅的庭園美景

☎076-264-2375
⌂高岡町6-5 ⏰11:30～15:00、17:30～22:00 困不定休
Ｐ有 🍴武蔵ヶ辻巴士站下車步行5分 MAP 18 B-2

（菜單）
午間全餐　8100日圓～
晚間全餐　16200日圓～
※午晚間的桌椅席服務費另計，日式座席的包廂費、服務費另計 (均含稅)

晚餐的門檻比較高，不過午餐的話品嘗一次則無妨。

想吃的東西雖然很多
但這裡是金澤、首選當然是當地料理

金澤的料理亦即「加賀料理」。
一般會馬上聯想到治部煮、蕪菁壽司、清蒸鯛魚等菜色，
但其實除此之外還有很多美味的鄉土料理。

治部煮

將鴨肉、簾麩、香菇等用高湯燉煮成濃稠狀，據說烹煮的時候會有「嗞嘆嗞嘆」的聲音因而得名。配料會吸附鹹鹹甜甜的高湯，為一道和風的燉湯。可搭配佐料山葵一起享用。

治部煮，宴席料理中的一道菜

布滿青苔的庭園營造出老舖料亭的風格。午餐的預算為8640日圓～，晚餐則為21600日圓～

つば甚 ‖寺町‖つばじん

料亭 ☎076-241-2181（需預約）🏠寺町5-1-8 🕚11:00～14:00、17:00～21:00 困無休 🅿有 ‼広小路巴士站下車步行3分 MAP 18 B-4

魚汁鍋

加入能登名產「魚汁」的火鍋。「魚汁」是以墨魚、沙丁魚的內臟做成的魚露，有股獨特的甜味。將牡蠣、螃蟹、鱈魚等當令海鮮和蔬菜一起燉煮，就能品嘗香氣四溢的海味與簡單樸實的能登風味。

日本海魚汁鍋1980日圓（2人份～）

雖然在金澤卻可品嘗到能登鄉土料理的店家

能登ダイニング ごっつォ
‖片町‖のとダイニングごっつォ

居酒屋 ☎076-265-5207 🏠片町2-23-5 パルシェ片町2F 🕚17:30～24:00 困週日（逢假日前日則營業）🅿無 ‼片町巴士站下車步行5分 MAP 20 B-3

加賀麩

麩是金澤餐桌上常見的食材。除了傳統的車麩、治部煮中不可或缺的簾麩、色彩鮮豔的細工麩外，還有像生魚片般、沾山葵醬油食用的生麩以及甜麩豆沙包等種類豐富。

裝盛著加賀當季食材、山珍海味和麩的麩久箱膳2592日圓

自江戶時代傳承至今的老舖，店內也有販售麩

茶寮 不室屋
‖尾張町‖さりょうふむろや

鄉土料理 ☎076-224-2886 🏠尾張町2-3-1 🕚11:30～18:00（午餐11:30～14:00）困週二（逢假日則翌日休）🅿無 ‼武藏ヶ辻巴士站下車步行3分 MAP 19 C-1

清蒸鯛魚
有祈求子嗣之意的婚宴菜，會在魚肚內塞入甘魚甘魚片醃漬而成的豆腐渣一起入鍋蒸煮。

蕪菁壽司
將薄片蕪菁夾青甘魚片醃漬而成的壽司，為冬季的美味之一。

加賀料理是？
意指蕪菁壽司、治部煮、清蒸鯛魚等金澤特有的鄉土料理。會以九谷燒和加賀蒔繪漆器的碟盤、木碗裝盛營造出華麗感。

松葉蟹

冬季美味的王者松葉蟹。在石川縣外海捕獲的松葉蟹又名「加能蟹」，以肉質飽滿富彈性、鮮甜味濃郁為特徵。若於11～3月的捕撈解禁期間來訪的話一定要來嘗嘗。

螃蟹宴席12600日圓，可大啖蟹黃和蟹膏

日式座席為下嵌式暖爐桌，雙腳可輕鬆自由伸展

加賀料理 大名茶家
‖金澤站‖かがりょうりだいみょうぢゃや

懷石 ☎076-231-5121
⌂此花町7-5-1
🕐11:30～14:00、17:00～21:30
困不定休 🅿有 🚶JR金澤站步行3分 MAP 19 B-1

甜蝦

金澤的壽司店中最著名的甜蝦。彷彿在口中化開般的甜味和口感，是其他種類的蝦子無可比擬的。全年都吃得到，但晚秋到冬天期間尤其鮮甜美味。蝦卵和蝦膏也是很受歡迎的珍味。

海鮮蓋飯2200日圓。能品嘗無比新鮮的甜蝦和各種海鮮，沾特釀醬油一起享用更能引出食材的甜味

金沢近江町市場 こてつ
‖近江町‖かなざわおうみちょういちば こてつ

壽司 ☎076-264-0778 ⌂下堤町37-1 🕐11:30～15:00 困週三(不定休) 🅿有市場停車場(付費) 🚌武藏ヶ辻巴士站下車即到 MAP 19 B-1

紅喉魚（ノドグロ）

有「白肉鮪魚」之稱，油脂豐富的高級魚。正式名為「赤鯥」，因為喉嚨深處黑黑的所以日本又稱為黑喉。紅燒、鹽烤及醃味噌等，不論哪種烹調方式都很美味。

凝聚鮮甜美味的紅喉魚一夜乾中2700日圓

青甘魚壽司捲1620日圓也是熱賣餐點之一

居酒屋割烹 田村
‖片町‖いざかやかっぽう たむら

居酒屋 ☎076-222-0517 ⌂並木町2-18
🕐11:30～14:00、17:00～22:30(午晚餐均需1星期前預約)困週三(逢假日則營業) 🅿有 🚌橋場町巴士站下車步行3分 MAP 19 C-4

「加賀料理」這個名詞出自昭和30年代，出乎意料地年代並沒有很久遠。

鮮度果然不同凡響的
頂級壽司

名列日本三大壽司地之一的金澤。
金澤不僅有新鮮的海產，米和水的品質也都屬於頂級。
可以奢侈地選間一流店家品嘗看看，或是高水準的迴轉壽司。

東洋鱸
350日圓
入口後有濃郁的
鮮甜味

白虎蝦 350日圓
份量大，有清爽的甜味

青甘 450日圓
附京都特產的
辣味白蘿蔔泥

1也提供有夢幻魚之稱的東洋
鱸和白虎蝦等稀有食材
2店內為整潔、沉穩的和風
氛圍
3富含油脂、鮮甜多汁的「鹽
烤紅暇」1700日圓～

從魚料到米、海苔
非常講究食材

寿し割烹 葵寿し ‖金澤站‖ すしかっぽうあおいずし

每天早上從市場採購的食材，
每樣都是當地的頂級品。米只
使用減農藥有機栽培米，醬
油、海苔等則堅持選用最高等
級品。推薦裝盛了大量當地食
材的「地物握壽司」3240日
圓。

預算
午餐3240日圓
晚餐5400日圓

☎076-221-8822 ⌂長田1-5-46
🕐11:00～23:00 ㊌週三（逢假日則營業） Ⓟ有 ‼JR金澤站步行6分 MAP 18 A-2

壽司店的禮儀

吃握壽司時，請將醬油沾在魚料上，而不是沾醋飯。「おあいそ（Oaiso）＝結帳」「あがり（Agari）＝茶」都是店家的習慣用語，不妨先學起來。

以安心的價格品嘗金澤第一的老舖

蛇之目壽司本店 ‖片町‖じゃのめずしほんてん

1931（昭和6）年創業的金澤第一老舖。精選的在地食材，以白山伏流水炊煮的醋飯為該店的招牌。店內的價格都很透明，所以能安心享用。

☎076-231-0093 ⌂片町1-1-12 ⏱11:30～13:30、17:30～22:00（週日、假日11:30～14:00、17:30～22:00）⑷週二（逢假日、假日前日則營業）Ｐ有 ‖香林坊巴士站下車步行3分 MAP20 C-3

預算
午餐1300日圓
晚餐4000日圓

❶主廚特配握壽司2700日圓，握壽司8貫附味噌湯 ❷吧檯座席可坐8人 ❸生魚片拼盤（5種）2160日圓

近江市場內超級新鮮的店家

鮨処 源平 ‖近江町‖すしどころげんべい

位於近江町市場內，以實在的價格就能盡情大啖新鮮的海產。8貫壽司，附味噌湯的「うめがいち（1620日圓）」很受好評。

☎076-261-4349 ⌂上近江町25-1 ⏱11:00～18:30 ⑷週日、假日 Ｐ有市營停車場（付費）‖武藏ヶ辻巴士站下車即到 MAP19 C-1

預算
午餐2500日圓
晚餐4000日圓

❶以當日特選食材捏製而成的「あげは」2700日圓 ❷位於市場內，可自在入店的氛圍

能登港口直送清晨捕獲的海鮮

もりもり寿し 金沢駅前店 ‖金沢駅‖もりもりずしかなざわえきまえてん

「金澤FORUS」內的迴轉壽司人氣店。每天早上從能登的西海・七尾漁港採購剛捕撈上岸的海鮮，所以能確保食材的新鮮。一盤能品嘗3種美味的「豪華三點盛」很有人氣。

☎076-265-3510 ⌂堀川新町3-1 金澤FORUS 6F ⏱11:00～22:00 ⑷無休 Ｐ有 ‖JR金澤站下車即到 MAP19 B-1

北陸五點盛（白虎蝦、紅喉魚、白蝦、生鳳螺、墨汁螢烏賊）988日圓

金澤著名紅喉魚494日圓

豪華三點盛893日圓

便宜又美味的排隊店

廻る近江町市場寿し ‖近江町‖まわるおうみちょういちばずし

不惜成本使用大量市場直送食材捏製而成的握壽司，由於價格便宜深受好評，所以總是大排長龍。雖然是迴轉壽司店，但在離峰時段會暫停運轉、改由師傅直接在顧客面前捏製。

☎076-261-9330 ⌂下近江町28-1 ⏱9:00～20:00 ⑷無休 Ｐ有市營停車場（付費）‖武藏ヶ辻巴士站下車即到 MAP19 C-1

招牌三種握壽司530日圓

人氣的三點盛530日圓

大名蓋飯（附東洋鱸湯）2890日圓

石川縣的迴轉壽司輸送帶生產量為日本第一，有些店家還會率先導入新型的輸送帶呢。

當地人也愛光顧的
居酒屋＆割烹

若想同時品嘗金澤的當令食材和美味的特產酒…
就前往當地人也推薦的居酒屋＆和風餐廳吧。
有許多氣氛幽靜、很有味道的店家喔。

當地老饕也掛保證的熱門店

桌上陳列著桶裝日本海生魚片（2500日圓～）等只使用當地食材入菜的餐點

いたる 本店
‖柿木畠‖いたるほんてん

店家建築走簡樸的民宅風。能品嘗從富山縣新湊港直送、非常新鮮的魚料理及大量使用當令加賀蔬菜烹調的佳餚。特產酒只精選純米酒，橫跨日式、西式的原創料理也很多樣。

☎076-221-4194
🏠柿木畠3-8
🕐17:30～23:00 🈺週日（若週日、假日達連假則週一休）🅿無
🍴香林坊巴士站下車步行4分
ᴹᴬᴾ20 C-3

在當地的評價也很高，是不分男女都愛光顧的人氣店

輕鬆品嘗視覺和味覺都很享受的正統宴席料理

季節宴席全餐有4800日圓、5800日圓、7500日圓3種（需預約，2名～）

季節料理 金澤 斉や
‖金澤站‖きせつりょうりかなざわ さいや

由曾經在大阪、京都的割烹料亭和金澤飯店歷練過的店主大展手藝的日本料理店。耗費時間精心選購食材，以實在的價格提供充滿季節感的宴席料理。單品料理也相當豐富。

☎076-222-6033
🏠此花町11-22 中川ビル2F
🕐18:00～21:30 🈺不定休
🅿有
🍴JR金澤站步行6分
ᴹᴬᴾ18 B-2

桌席是雙腳能自由伸展的下嵌式暖爐桌

邊聆聽犀川的潺潺流水聲邊啜飲一杯

紅燒赤鱒魚500日圓、鹽烤秋刀魚400日圓、綜合生魚片5種1000日圓，每一道都份量十足

大眾割烹 新橋こうや
‖片町‖たいしゅうかっぽうしんばしこうや

位於犀川河畔，以使用當季加賀蔬菜和當地魚產烹調的全餐料理為中心。味道、份量、良心價格等集三大優點於一身。由於老闆出身能登的緣故，店內還有切子燈籠的模型裝飾品。

☎076-261-8677
⌂片町2-32-6
🕐17:00～22:00 休週日
Ｐ有
🚌片町巴士站下車步行7分
MAP 20 A-3

從座敷可一望犀川的潺潺流水與綠意

食材豐富的金澤特有的關東煮

關東煮130日圓～、燉牛筋550日圓等，每樣都只吃一點，能品嘗多種食材正是關東煮的魅力

金澤おでん 赤玉本店
‖片町‖かなざわおでんあかだまほんてん

使用自1927（昭和2）年創業以來代代相傳的秘傳醬料，由老闆娘每天清晨4時開始燉煮而成的關東煮，還吃得到鳳螺等金澤特有的食材。一道130日圓～，價格相當實在。

☎076-223-3330
⌂片町2-21-2
🕐12:00～翌0:30
休週一（逢假日則翌日休）
Ｐ無 🚌片町巴士站下車即到
MAP 20 B-3

隨著吧檯另一邊冒出的熱氣，關東煮的香氣也飄散了開來

向店家詢問一下當日的推薦菜，說不定還有機會能享用到意外的在地風味呢。

在町家的沉穩氛圍中
細細品嘗美味佳餚

金澤當地還保留許多歷史悠久的町家建築。
就在時間流動緩慢的町家餐廳，
盡情享受金澤的美食吧。

彰顯食材本身鮮甜的創意料理

網烤鹽麴醃漬鮭魚腹片、季節釜飯等9道3000日圓全餐（2人以上，需前日預約，圖為2人份），份量、風味都令人滿意

讓身心都能感染優雅氣息的法國菜

晚間全餐4800日圓。料理為甜、酸、鹹等風味調和的絕妙滋味，從味道即可一窺老闆樸實敦厚的性格

町屋ダイニング あぐり
‖長町‖まちやダイニング あぐり

改建自大正初期的民宅，呈現調和古典與現代的空間。由老闆精心設計的菜單豐富，為了突顯購自專業農家的食材美味而採用炭火燒烤的烹調方式。釜飯也是招牌菜之一。

☎076-255-0770
⌂長町1-6-11 ⏲17:00～24:00
㊡週一 Ⓟ無
‼香林坊巴士站下車步行5分
MAP 20 B-1

1外觀還保留著古老的風情
2店內飄散著宛如時尚酒吧般的氛圍

ラ・ネネグース
‖千日町‖

建於犀川河畔、地理位置絕佳的法國餐廳。對烹調方式講究，盡量減少牛油、鮮奶油的使用，並以能完整品嘗在地食材原味的調味呈現。簡單的口感，僅殘留一絲清爽的餘韻。

☎076-243-6651 ⌂千日町1-16
⏲17:30～22:00（週五・六・日、假日的午餐時段也營業11:30～14:00）㊡週一（逢假日則營業，每月1次不定休）Ⓟ無 ‼片町巴士站下車步行7分 MAP 20 A-3

1將1936（昭和11）年建造的民宅改裝成別有意趣的店鋪
2晴朗好天氣時會將窗戶全部打開，變身成開放式的空間

建築本身也很吸睛

若造訪町家餐廳，一定要好好欣賞建築本身。店家的構造樣式、庭園的規劃設計等，內部的裝潢常會出乎意料地讓人眼睛為之一亮。

老闆精挑細選的食材在味蕾上跳躍

酥炸加賀蓮藕餅900日圓、生魚片拼盤（2人份）2500日圓、滷青甘魚白蘿蔔800日圓、味噌烤能登牡蠣1000日圓，有許多下酒的佳餚

午晚都只限定4組的全餐料理

提供大量使用當令食材、裝盤繽紛美麗的全餐料理2625日圓起，能享受滿滿的季節感

らくや
‖ 香林坊 ‖

米和蔬菜都是直接從富山的契約農家進貨，海鮮則是每天早上前往市場親自確認新鮮與否。請年輕藝術家製作的餐具也增添了不少風采。燉煮10小時的滷青甘魚白蘿蔔連魚骨頭都很軟爛，頗受好評。

☎076-262-9090
⌂香林坊2-3-18 ◷11:30～13:30（週三・六休）、18:00～22:00
㊡週日 Ⓟ無 ◉香林坊巴士站下車步行3分 MAP 20 B-2

1會席料理3150日圓～（2人以上）
2由昭和初期的相機店改裝而成的店內瀰漫著風雅氛圍

御料理 貴船
‖ 彥三町 ‖ おりょうり きふね

位於茶屋林立、風雅的主計町深處，眼前就是有女川之稱的淺野川，從2樓還能一望黑瓦屋頂綿延的美麗街景。午晚間都只限定4組客人，老闆精心設計的全餐料理、以特製鍋炊煮的米飯很受好評。

☎076-220-6131(需預約)
⌂彥三町1-9-69
◷11:30～13:00、17:30～20:30 ㊡週三 Ⓟ有 ◉橋場町巴士站下車步行3分 MAP 19 A-3

1紅殼格子窗讓人印象深刻的町家風店鋪
2全餐的菜色每個月會變動一次

開動之前，請記得先欣賞一下餐具與料理的搭配品味。

到法國 & 義大利餐廳享用
新鮮加賀蔬菜

加賀蔬菜給人的和風食材印象相當鮮明，
但其實運用在法國菜和義大利菜中也相當美味。
接下來介紹幾家金澤風格濃厚的店家。

繪畫般美麗的法國菜

レストラン ベルナール ‖武蔵町‖

味道、擺盤和器皿呈現完美演出，滿足客人視覺味覺、令人
難忘的法國餐廳。自日本各地採購正當令的食材，曾在法國修業
的主廚投入感性烹調的料理，品嘗時帶來發自內心的歡愉。

法國餐廳 ☎076-225-8682（需預約）
🏠 武蔵町6-1 レジデンス第2武蔵102
🕛 12:00～15:00（L.O.13:00）、18:00～22:30（L.O.20:00）
🈲 不定休 🅿 需洽詢 🚌 武蔵ヶ辻巴士站下車步行5分 MAP 18 B-2

為全餐收尾畫龍點睛的甜點
令人極為驚艷

擺設用品等也頗具玩心。法國西南部的葡萄酒杯裝900日
圓～即可品嘗，也很誘人

1 全餐主菜的一例。裹上紅鳳菜的鱸魚，佐五郎島金時番薯、加賀蓮
藕、北寄貝等，羅勒醬和凝聚海鮮美味的泡沫增添了味覺層次
2 全餐前菜的一例。醃漬青甘魚，佐燻製的蛋黃、八朔橘、二塚芥菜
的醬汁搭配絕妙

推薦 menu

Lunch
午間全餐　3564日圓～
開胃菜、前菜、主菜（魚或肉）、甜
點、咖啡or紅茶、茶點

Dinner
主廚推薦全餐8208日圓
開胃菜、前菜2道、主菜2道（魚和肉）、甜
點3道、咖啡or紅茶、茶點

紅鳳菜

特徵是葉子表面為
綠色，背面為鮮豔
的紫色。富含維生
素A和鐵質、鈣質
等，有降低血壓的
功效。

金澤春菊

葉片軟嫩、澀味少，因此也可直接生吃。有增強身體免疫力、提高腸胃蠕動的功效。

加賀蔬菜是？

加賀蔬菜指的是戰前以金澤地區為中心栽種的蔬菜。現在已經品牌化，五郎島金時地瓜、源助白蘿蔔、紅鳳菜、紫柄茄子、加賀大黃瓜、加賀蓮藕和金澤春菊等15種已認定為加賀蔬菜。

金澤／法國＆義大利餐廳

以蔬菜為主角的健康法國菜

オー・ミリュー・ドゥ・ラヴィ ‖金澤郊外‖

以蔬菜為主的全餐，而且只選用安全、新鮮的蔬菜。午餐的前菜採自助餐形式，可盡情享用主廚嚴選的高品質蔬菜。

法國餐廳 ☎076-298-8066 ⛫高尾台1-54 🕐12:00～15:00、19:00～21:00（週日為咖啡廳11:00～17:00）㉻無休 Ⓟ有 ‼高尾台巴士站下車即到 ⅯⅯ18 C-2

兔如民宿般、給人柔和優雅印象的獨棟餐廳。

①個性開朗的主廚會前來接待上門的客人
②添加金澤春菊等加賀蔬菜的能登豬肉主菜

推薦 menu

Lunch
午餐2100日圓 前菜（自助餐式）、湯、主菜、甜點、花草茶

Dinner
超值女性全餐4000日圓
前菜2種、湯、魚料理、肉料理、甜點

在居家氛圍中品嘗道地的義大利菜

トラットリア・タマヤ ‖尾山町‖

以近江町市場採購的新鮮魚貝類為中心，每天會視情況變換菜色。是正統的義大利風味，手作義大利麵和使用自家栽培香草的料理很受好評。

義大利餐廳 ☎076-232-5520 ⛫尾山町3-2 笹井ビル2F 🕐11:00～14:00、17:30～21:00 ㉻週六·日、假日 Ⓟ無 ‼南町巴士站下車即到 ⅯⅯ18 B-3

五郎島金時

江戶時代起於金澤栽種的一種番薯。甜度高，適合做成烤番薯等。富含膳食纖維，養顏美容效果佳。

①拌入五郎島金時地瓜的式麵疙瘩1290日圓
②充滿家庭氣氛的店內 ③會視進貨食材而更改菜色也讓人很有期待感

おすすめ menu

Lunch（只提供午間套餐）
湯、義大利麵午餐800日圓～
湯、義大利麵、沙拉、佛卡夏麵包、咖啡

Dinner
晚間全餐 3200日圓
前菜3種、義大利麵、主菜、沙拉、甜點、咖啡

新鮮食材豐富的金澤，也有很多高水準的法國＆義大利餐廳。

在夜晚的金澤閒聊？
度過成熟大人時間的酒吧

在由茶屋改裝的酒吧或有美味雞尾酒的酒館
靜靜地聊天、悠悠地享受金澤的夜晚也不賴。
接下來介紹幾間擁有成熟氛圍＆自豪料理的酒吧給大家。

1設有吧檯和下嵌式暖爐桌的店內充滿了茶屋風情 **2**老闆娘的手作料理菜色也很豐富 **3**杯裝葡萄酒900日圓～

曾是藝妓的老闆娘親切待客的酒吧

照葉 ‖東山‖てりは

位於東茶屋街一隅、氛圍幽靜別具風情的酒吧。老闆娘曾經當過藝妓，擁有葡萄酒品酒師和日本酒品酒師的證照。改裝自茶屋的店內，可脫鞋輕鬆坐在設有下嵌式暖爐桌的吧檯。啜飲嚴選自德國、勃艮第、波爾多等產地的葡萄酒，搭配老闆娘的親手料理，享受茶屋街的夜晚。

☎076-253-3791
⊟東山1-24-7 ⏱11:30～15:00、18:30～23:00（週四僅晚上營業）
🚫週日、假日 🅿無 🍴橋場町巴士站下車步行5分 MAP 19 C-3

貫徹以客為尊的服務

漱流 ‖竪町‖そうりゅう

店名源自於成語「枕石漱流（以山石為枕，以溪流漱口）」一詞。根據客人要求創作特調雞尾酒等，以客為尊的服務，非常貼心。

☎076-261-9212
⊟竪町12-2 ⏱18:00～翌4:00（週日、假日～翌2:00）🚫不定休（12月無休）🅿無 🍴香林坊巴士站下車步行6分

1各種漂亮的酒杯齊備 **2**雞尾酒900日圓～

若想體驗迷人風情的夜晚就到「新天地」
片町的狹窄後街是小餐館、酒吧聚集的新天地商店街，有一些很有個性的店。MAP 20 B-3

專業調酒師調製的獨特風味雞尾酒

BAR SPOON ‖片町‖バースプーン

由曾經在調酒技能大賽中獲得優勝的老闆搖著調酒杯的道地酒吧。能依照客人的喜好調配出特製雞尾酒、餐點也很多樣，因此很受女性的歡迎。

☎076-262-5514 ⌂片町1-5-8 シャトービル1F ⏰18:00～翌3:00
㊡週一 ℗無 ‼片町巴士站下車即到 MAP 20 B-3

① 特調雞尾酒1000日圓～　② 流瀉著爵士樂的成熟大人氛圍

金澤最具代表性的Shot Bar

倫敦屋酒場 ‖片町‖ろんどんやバー

1969（昭和44）年創業、日本數一數二的老字號酒吧，也是已故的直木賞作家・山口瞳生前常來光顧的酒吧。

雖是名門酒吧但價格卻很實在，除了有英國直接進口的單一麥芽威士忌，也能喝到Guinness和Kilkenn啤酒。

☎076-232-2671 ⌂片町1-12-8
⏰17:30～翌1:00（週六・日、假日前日～翌1:00）㊡無休 ℗無 ‼
金劇パシオン巴士站下車即到 MAP 20 C-3

① 飄散出道地英國氛圍的成熟大人空間
② 瑪格麗特披薩1365日圓和啤酒

威士忌蘇打的單純魅力讓人陶醉

広坂ハイボール ‖柿木畠‖ひろさかハイボール

以「威士忌蘇打」為招牌的小酒館。有使用當季水果榨汁調製的雞尾酒、自製煙燻配菜、精選起司等多道講究餐點。與個性平易近人的老闆輕鬆聊天也很有意思。

☎076-265-7474 ⌂柿木畠4-9 2F
⏰18:00～24:00 ㊡週一（逢假日前日則營業）℗無 ‼香林坊巴士站下車步行5分 MAP 20 C-3

① 只有吧檯座和1個桌席的小巧店家　② 左・梨子雞尾酒1200日圓，右・広坂威士忌蘇打 800日圓　③ 起司拼盤1500日圓

走出大馬路就能攔到計程車，所以就算晚歸也無妨。

好看又好吃
百家爭鳴的老舖和菓子

金澤與京都、松江並列為日本三大菓子產地。
街上到處可見充滿老舖風情的和菓子屋招牌。
以下精選幾家不僅吃來美味、外觀也很漂亮的金澤和菓子。

日本三名菓之一
長生殿 ちょうせいでん

品嘗紅豆的濃郁甜味
黑糖 ふくさ餅 こくとう ふくさもち

充滿華麗感與涼意
華金箔 はなきんぱく

↑由第3代藩主前田利常所構思創作，名列日本三名菓之一、入口即化的落雁。長生殿小墨6片525日圓～

↑春天為櫻花，還有夏天的抹茶、秋冬的栗子，季節應時的風味也很豐富。1個216日圓

↑清涼透明的長立方體寒天上貼著華麗的金箔，1條977日圓～

金沢菓子木型美術館・森八本店

‖大手町‖かなざわかしきがたびじゅつかんもりはちほんてん

1625（寬永2）年創業的金澤屈指老舖，從傳統名點到四季應時的菓子一應俱全。還有展示藩政時期使用的製菓用具。

☎076-262-6251
⌂大手町10-15
🕘9:00～18:30
㊡無休 🅿有 🚏橋場町巴士站下車即到
🅼🅰🅿 19 B-4

這裡也買得到 金澤百番街

和菓子 村上 長町本店

‖長町‖わがしむらかみながまちほんてん

以販售羊羹起家的老舖。對紅豆很講究，招牌商品的ふくさ餅是在求肥麻糬外裹上一層豆沙餡和鬆軟的麵皮，口感極佳。

☎076-264-4223 ⌂長町2-3-32
🕘8:30～17:00（4～9月～17:30、7月25日～8月25日～18:00）
㊡無休 🅿有 🚏香林坊巴士站下車步行7分
🅼🅰🅿 20 A-1

這裡也買得到 金澤百番街

加賀さま本舖 阪尾甘露堂

‖香林坊‖かがさまほんぽさかおかんろどう

1804（文化元）年創業的歷史老舖。仿加賀藩前田家的劍梅鉢家紋、直徑15cm的最中「加賀樣」，是一道傳統和菓子。

☎076-262-4371
⌂南町3-34
🕘9:00～18:00
㊡週日 🅿有
🚏香林坊巴士站下車步行3分 🅼🅰🅿 20 C-1

這裡也買得到 金澤百番街

五色生菓子　ごしきなまがし
婚禮時不可或缺的
5種和菓子組合

福梅　ふくうめ
仿前田家梅鉢家紋的紅白最中，
於新年正月期間享用

**與獨特和菓子文化
息息相關的金澤**

在金澤，和菓子與生活密不可分，也傳承許多如五色生菓子、福梅等與和菓子有關聯的風俗習慣。

**蓮藕淡雅的口味與
微微的香氣**

羽二重加賀れんこん餅
はぶたえかがれんこんもち

↑柔軟的羽二重餅，吃得出帶點加賀蓮藕黏性的Q度和淡雅風味。216日圓～

越山甘清堂
‖武蔵ケ辻‖こしやまかんせいどう

1888年（明治21）年創業，和菓子的樸實風格從以前到現在沒有變過。大尺寸的酒種豆沙包「燒まん」是持續100年來的招牌商品。

☎076-221-0336
⌂武蔵町13-17
🕐9:00～18:00　㊡週三　🅿有
‼武蔵ケ辻巴士站下車步行5分
🗺18 B-2

這裡也買得到 金澤百番街、近江町市場

**入口即化的
優雅甜味**

花兔　はなうさぎ

↑以仿兔子模樣的紙包裝起來的迷你落雁。一個只有指甲左右的大小，並以梅花的造型呈現。15顆432日圓

落雁 諸江屋
‖野町‖らくがんもろえや

以擁有160年歷史自豪的落雁專賣店。從初代延續至今，以傳統方法製作的落雁，纖細優美的外觀讓人捨不得吃下口。

☎076-245-2854
⌂野町1-3-59
🕐8:30～19:00
㊡無休　🅿有
‼野町巴士站下車步行3分　🗺18 A-4

這裡也買得到 金澤百番街

**外皮有沙沙的顆粒感、
裡面是軟嫩的寒天**

かいちん

↑「かいちん」在金澤方言中為玻璃彈珠的意思。半透明狀、可愛外型的乾菓子很受女性的喜愛。迷你648日圓、小1512日圓、大1998日圓。

石川屋本舖
‖金澤郊外‖いしかわやほんぽ

天保年間（1830～43年）創業。以「常留心中的美味」為宗旨，不大量生產，一個一個精心製作出品的菓子相當細緻。

☎076-268-1120
⌂示野町西22
🕐8:00～16:00
㊡週三　🅿有
‼示野町巴士站下車步行8分　🗺18 B-1

這裡也買得到 金澤百番街

當天早上現做、最好於當天食用完畢的生菓子又稱為「朝生」。

給自己的伴手禮好像買太多了？
誘人的金澤甜點

買個金澤甜點，讓返家後還能享受無窮的樂趣吧。
和菓子屋的熱門商品、原創甜點與
使用加賀蔬菜製作的點心等等都很推薦。

金鍔
きんつば

5個裝819日圓～

在當地有「提到金鍔首選即中田屋」的說法，擁有超高的人氣。吃起來有優雅的甜味，口感溫和。

中田屋 東山店 ★★☆
‖東山‖なかたやひがしやまてん
☎076-252-1048 ⚑東山3-4-30
🕐9:00～18:00 休無休 Ｐ有
👣橋場町巴士站下車即到 MAP 19 B-3

あめ工房
あめこうぼう

3種裝240g1674日圓

由製糖老舖生產、一口大小的可愛糖果，共有原味、黃豆粉和抹茶等3種口味。

あめの俵屋 ★★☆
‖小橋町‖あめのたわらや
☎076-252-2079 ⚑小橋町2-4
🕐9:00～18:00（週日～17:00）休不定休
Ｐ有 👣小橋巴士站下車即到 MAP 18 B-2

加賀志きし
かがしきし

6片裝1袋500日圓

將糖蜜煎餅以模型壓出扇子狀，上面再以嚴選的砂糖繪出風景和花卉等圖案裝飾。

加藤晧陽堂 ★
‖二口‖かとうこうようどう
☎076-231-3053 ⚑二口町二94-1
🕐8:30～17:00 休無休 Ｐ有
👣長田巴士站下車步行5分 MAP 18 C-1

季節だより
きせつだより

880日圓

有栗子、大納言紅豆、金時豆、大豆、豌豆等四季應時的甘納豆共6種，可一次品嘗多種口味。

甘納豆かわむら
‖野町‖あまなっとうかわむら
☎076-282-7000 ⚑野町2-24-7 🕐9:30～18:00（週日、假日～17:00）休第1週二（逢假日則營業）Ｐ有
👣野町広小路巴士站下車步行3分 MAP 20 A-4 ➡P.53

愛香菓
あいこうか

12個裝1016日圓

入口時會瞬間融化，同時散發出杏仁、檸檬和肉桂香氣的奇妙口感。

金沢うら田 ★

‖御影町‖かなざわうらた
☎076-243-1719 ⚑御影町21-14 🕐9:00～18:00（週日～17:00）休無休 Ｐ有
👣御影町巴士站下車步行5分 MAP 18 A-3

麩万頭
ふまんじゅう

1個210日圓～

老舖生產的麩豆沙包，口感Q彈、紮實。有豆沙餡、柚子餡，視季節還會推出櫻花等口味。

加賀麩司 宮田 ★

‖東山‖かがふどころみやた
☎076-251-0035 ⚑東山3-16-7
🕐9:30～16:30 休週三 Ｐ有
👣橋場町巴士站下車步行5分 MAP 18 B-2

也可一次買齊
✿記號的店家…金澤百番街（🔎P.59）
❀記號的店家…石川縣觀光物產館（🔎P.43）
可於上述兩家店購齊。

金澤／金澤甜點

もりの音
もりのおと

48顆972日圓

使用寒天做成的美麗乾菓子，以色彩
繽紛的立方體造型呈現。有抹茶、黑
糖、藍莓、原味等4種口味。

茶菓工房たろう 鬼川店 ✿
‖**長町**‖さかこうぼうたろうおにかわてん
☎076-223-2838 🏠長町1-3-32
🕐8:30～17:30 休無休 ℗有
‼香林坊巴士站下車步行6分 MAP20 B-1

新菓苑
しんかえん

12個1080日圓

以兼六園為主題的小尺寸創意點心，
有「傘の雪」「戶室」「曲水」3種
類。※有時會更換包裝。

柴舟小出 ✿☆
‖**野町**‖しばふねこいで
☎076-243-2331 🏠野町3-2-29
🕐9:00～18:00 休週三・日不定休 ℗有
‼野町巴士站下車步行3分 MAP18 A-4

金沢はいから
かなざわはいから

12個盒裝1296口圓

有椰子口味「花はなほうし」和香濃
黑芝麻餡「ごまごまころりん」，兩
款都很美味。

菓匠 髙木屋 ✿
‖**本多町**‖かしょうたかざや
☎076-231-2201 🏠本多町1-3-9
🕐9:00～18:00 休週三 ℗有
‼思案橋巴士站下車步行3分 MAP18 B-4

金澤たまごまき

1620日圓

舒芙蕾蛋糕捲的內層裹入以和三盆
糖、抹茶、能登產大納言紅豆調製成
的濃醇奶油餡，口感極搭。

ぶどうの木 JR金沢駅店 ✿
‖**金沢駅**‖ぶどうのき ジェイアールかなざわえきてん
☎076-222-1818 🏠木ノ新保町1-1
🕐10:00～20:30 休無休 ℗1小時300日圓
‼JR金澤車站內 MAP19A-1

烏骨鶏プリン
うこっけいプリン

1個432日圓

使用大量產量稀少的烏骨雞蛋製成的
布丁。濃郁的蛋香、滑順的口感，相
當美味。

烏鶏庵 本店 ✿☆
‖**西念**‖うけいあんほんてん
☎076-223-2266 🏠西念4-22
🕐9:30～19:00 休無休 ℗有
‼駅西合同庁舎巴士站下車即到 MAP18 C-1

円
まどか

1個137日圓～

法式海綿小蛋糕內，夾了棉花糖和清
淡味噌口味內餡的鬆軟洋風和菓子。

高砂屋 ✿
‖**石引**‖たかさごや
☎076-221-0151 🏠石引2-7-4
🕐8:30～18:00（週日9:00～17:00）休無休
℗有 ‼小立野巴士站下車即到 MAP18 C-4

不只傳統的和菓子，連創意點心也都很美味，這正是金澤甜點吸引人的原因。

九谷燒、加賀友禪、金澤漆器etc.…
想放在身邊的金澤和風小物

就算買不下手真正的傳統工藝品，
也能輕鬆選購造型可愛的休閒小物放在身邊使用。
試著探索傳統工藝的迷人魅力吧。

1 放在小酒杯中的針插和縫針
針插2400日圓～、縫針各490日圓

在骨董容器內裝著用古布作成的針山。看起來很可愛，連不擅長裁縫的人也會想買。

2 Offrir Rose珠寶盒
各色1944日圓

商品名的法語代表「玫瑰贈禮」之意。將銀箔變色處理成金色，並透過花瓣呈現出立體感。

3 義大利麵叉＆湯匙
各864日圓

金澤漆器的餐具越用會越有韻味。時尚的2色組合，與西洋餐具的調性也很搭。

1 針線包
各2350日圓

加賀手工藝品的針線組。以和布為材質，裡面裝了在製作傳統工藝時也會用到的縫針「目細針」。

2 Flower's迎賓套組
5400日圓

杯和碗的套組。金澤箔的貼花裝飾相當可愛，碗很適合拿來裝盛義大利麵和沙拉時使用。

3 貓頭鷹迷你圓形三段重箱
各1944日圓

小巧的圓形三段重箱，很適合放入桌上的小東西和飾品。

1
金沢・クラフト広坂
‖広坂‖かなざわクラフトひろさか

集加賀象嵌、加賀毛針、加賀水引工藝、加賀手工藝品等金澤稀有傳統工藝於一堂的特產直銷商店，能欣賞藝術家精心打造的手工作品。

工藝品 ☎076-265-3320 🏠広坂1-2-25
🕙10:00～18:00 🈺週一（逢假日則翌日休）
🅿無 🚏広坂巴士站下車即到 MAP 21 D-2

2
箔一 香林坊アトリオ店
‖香林坊‖はくいちこうりんぼうアトリオてん

可挑選金澤風高級禮品的店，也很受當地人的好評。有工藝品、化妝品、和菓子、食用金箔等商品，種類繁多。還可利用附設的咖啡廳。

工藝品 ☎076-224-0891 🏠香林坊1-1-1 香林坊アトリオB1F 🕙10:00～19:00 🈺不定休（以アトリオの公休日為準）🅿無 🚏香林坊巴士站下車即到 MAP 20 C-2

3
能作
‖広坂‖のさく

1780（安永9）年創業的老舖漆器店。除了加賀蒔繪、輪島漆等優美的高級漆器外，也有販售平常可使用的商品。還可到4樓的甜品店喝杯茶。

漆器 ☎076-263-8121 🏠広坂1-1-60
🕙10:00～19:00 🈺週三 🅿有
🚏香林坊巴士站下車步行3分 MAP 20 C-2

要送朋友什麼東西好呢？
若是要給公司同事每人都一份的伴手禮，則推薦吸油面紙。300～500日圓價位的商品種類簡直多到讓人不知該挑哪一樣好。

4 九谷燒小碟＆調羹
（小碟）1365日圓（調羹）1260日圓

明亮色彩、溫暖風格，由久手川利之製作的小碟＆調羹。收集不同花案的款式擺起來也很漂亮。

5 加賀頂針
8100日圓～

據說源起於加賀友禪的女裁縫工利用剩餘絲線製作而成。

6 加賀八幡不倒翁
1個702日圓～

據說擺在櫥櫃內衣物就會增加的人偶。臉部表情是出自職人的手繪，每一個都不盡相同，能挑選自己喜愛的樣式也很有趣。還可參加手繪體驗400日圓。

4 原創布花髮梳
3240日圓

以金澤傳統水引工藝製作的花，化成可愛的裝飾。可以做為盤髮的焦點。

5 加賀手毬
金澤手毬9720日圓（右）、櫻花6480日圓

以高雅、華麗的刺繡做裝飾，可感受到濃厚的加賀百萬石文化。

6 搗糯兔
1080日圓

只要一拉線兔子就會搗麻糬。手工製作的溫暖風格和可愛的動作，不論大人小孩都會喜歡。

---

4 浅の川 吉久
‖東山‖あさのがわよしひさ

將加賀水引、加賀友禪等金澤傳統工藝改以現代風格呈現的雜貨很受歡迎，原創和風雜貨的款式也很豐富。

和風雜貨 ☎076-213-2222 ⌂東山3-1-30
🕘10:00～17:00 㐀不定休 Ⓟ無
🚌橋場町巴士站下車即到 ᴹᴬᴾ19 B-3

5 加賀てまり 毬屋
‖南町‖かがてまり まりや

全日本很罕見、販售頂針和手毬的專賣店。由於在古代是公主和侍女的遊戲道具，所以絹絲的用色也很鮮豔。

工藝品 ☎076-231-7660
⌂南町5-7
🕘9:30～18:00 㐀週二・三 Ⓟ無
🚌南町巴士站下車即到 ᴹᴬᴾ20 C-1

6 中島めんや
‖尾張町‖なかしまめんや

鄉土玩具的老舖。使用金澤傳統工藝的二俣和紙、承襲自古以來的製法一個一個手工製作的玩具，簡單又好玩。

工藝品 ☎076-232-1818 ⌂尾張町2-3-12
🕘9:00～18:00 㐀週二 Ⓟ有
🚌武藏ヶ辻巴士站下車即到 ᴹᴬᴾ19 C-1

真正的傳統工藝品價格雖高，但一想到可以用一輩子就也沒那麼貴了。

在"手工藝之都"遇見
妝點日常生活的時尚雜貨

傳統工藝已深入生活中的金澤，
有多家審美觀卓越、販售時尚雜貨的店家。
從手作工藝品到設計師品牌都有，一定能找到自己中意的。

蝴蝶戒指

1

戒指工匠以蝴蝶為創作主題的作品，連細部彫工都很講究。
16200日圓

墜鍊&耳針

2

應用古董腕表數字盤的「時間碎片」系列墜鍊5400日圓
（左）。真實重現葉片形狀的「plants」系列耳針5400日圓

骨董胸針

3

金飾搭紫水晶和小珍珠的胸針32000日圓（左，1900～
1920年、英國製）。金飾搭橄欖石的胸針28000日圓
（1900～1920年、英國製）

戒指架

4

使用九谷燒的五彩、大膽流行的用色。形狀也很有個性、相
當可愛，3240日圓～

1 KiKU
‖新竪町‖ キク

☎076-223-2319 ⌂新竪町3-37
🕚11:00～20:00 ㊡週三 Ⓟ無
🍴新竪町巴士站下車即到 [MAP] 18 B-4

2 collabon
‖安江町‖ コラボン

☎076-265-6273 ⌂安江町1-14
🕚11:00～19:40 ㊡週二・四 Ⓟ無
🍴武蔵ヶ辻巴士站下車即到 [MAP] 18 B-2

3 アンティーク フェルメール
‖新竪町‖

☎076-224-0765 ⌂新竪町3-102
🕚11:30～19:30 ㊡週三 Ⓟ無
🍴新竪町巴士站下車即到 [MAP] 20 C-4

4 CRAFT A
‖武蔵‖ クラフトエー

☎076-260-2495 ⌂武蔵町15-1 名鐵M'ZA 5F
🕚10:00～19:30 ㊡不定休（準同名鐵M'ZA）Ⓟ利用名鐵M'
ZA停車場 🍴武蔵ヶ辻巴士站下車即到 [MAP] 19 B-1

手工藝品創造都市

金澤已經被聯合國教科文組織列入全球創意城市網路，在手工藝領域中是全世界第一個被登錄的城市。

壓克力手鐲

5

最後貼上純金與白金合金的純金白金金箔，所綻放出的耀眼光澤相當吸睛，久遠色（左），永遠色各6100日圓

白銅餐具

7

由金工藝術家一支一支製作的餐具。可感受到材質的溫度，觸感也很柔和。2160日圓～

特製手帳封套與內頁

6

可挑選皮革和縫線顏色的客製化手帳封套。筆插樣式B6 12960日圓（左），信封樣式A6 8640日圓

冰桶與玻璃茶壺 & 火爐

8

可放冰塊、以軟木塞材質製成的冰桶12600日圓（左）。茶壺 & 火爐，下方的火爐可放置蠟燭等火源讓茶壺保溫，22000日圓

5 箔座ひかり藏
‖東山‖はくざひかりぐら

☎076-251-8930 ⭡東山1-13-18
🕐9:30～18:00（冬天～17:30）🈺無休 Ⓟ利用市營停車場
🍴橋場町巴士站下車步行5分 MAP 19 C-3

7 ギャルリノワイヨ
‖新竪町‖

☎076-222-0014 ⭡新竪町3-113
🕐12:00～19:00 🈺週三、第2週二會不定休 Ⓟ無
🍴新竪町巴士站下車即到 MAP 18 B-4

6 benlly's & job
‖新竪町‖ベンリーズアンドジョブ

☎076-234-5383 ⭡新竪町3-16
🕐11:00～19:00 🈺週三、第2週二 Ⓟ無
🍴新竪町巴士站下車即到 MAP 18 B-4

8 TORi
‖広坂‖トリ

☎076-225-7475 ⭡広坂1-2-32 北山堂ビル1F
🕐11:00～19:00 🈺不定休 Ⓟ無
🍴広坂巴士站下車即到 MAP 21 D-2

在隨意閒逛的店家發現自己喜歡的商品，也是旅行的樂趣之一。

給家人的伴手禮
就選美味的特產酒和傳統美食吧

受白山的伏流水滋養的金澤也是高品質的酒鄉，
還有配酒和佐飯都很合口、以在地山海食材烹調而成的獨特珍味。
可以想見家人品嘗後一定會開心發出「真是美味啊！」的讚嘆。

手取川
てどりがわ

●手取川 名流 大吟醸
3024日圓(720ml)

放置低溫貯藏庫經過1年以上熟成的大吟醸酒，香氣撲鼻，口感清爽。

吉田酒造店
‖白山‖ よしだしゅぞうてん
☎076-276-3311
⌂白山市安吉町41 MAP 87

天狗舞
てんぐまい

●天狗舞 山廃純米大吟醸
3240日圓(720ml)

餘韻清新爽口。以山廢醸造法呈現出芳醇的風味，可感受到醸酒人細膩的醸造工藝。

車多酒造
‖白山‖ しゃたしゅぞう
☎076-275-1165
⌂白山市坊丸町60-1 MAP 87

常きげん
じょうきげん

●常きげん 純米大吟醸
2700日圓(720ml)

以「白水井戶」的湧水醸造，風味鮮明濃郁，擁有純米大吟醸特有的馥鬱香氣。

鹿野酒造
‖加賀‖ かのしゅぞう
☎0761-74-1551
⌂加賀市八日市町イ6 MAP 99

加賀梅酒
かがうめしゅ

●萬歳楽 加賀梅酒
1594日圓(720ml)

使用北陸採收的青梅和白山伏流水醸造，口感清爽滑順的梅酒。

小堀酒造店(萬歳楽)
‖白山‖ こぼりしゅぞうてんまんざいらく
☎076-273-1171
⌂白山市鶴来本町1-ワ47 MAP 87

菊姫
きくひめ

●菊姫 加陽菊酒 吟醸酒
2592日圓(720ml)

以100％山田錦醸造，能品嘗到甘甜的風味，有著充份熟成的厚實風味。

菊姫
‖白山‖ きくひめ
☎076-272-1234
⌂白山市鶴来新町タ8 MAP 87

加賀鳶
かがとび

●加賀鳶 純米大吟醸 藍
2160日圓(720ml)

將米的美味完全呈現出來的絕品佳作。講求輕盈清冽的風味。

福光屋
‖金澤‖ ふくみつや
☎076-223-1117
⌂金沢市石引2-8-3 MAP 18 C-4

獅子の里
ししのさと

●獅子の里 旬 純米吟醸酒
2160日圓(720ml)

發揮當季食材本身的鮮甜味，呈現出多層次的口感。是一款風味鮮明的旨口酒。

松浦酒造
‖加賀‖ まつうらしゅぞう
☎0761-78-1125
⌂加賀市山中温泉本町2 MAP 103

能登ちょんがりぶし
のとちょんがりぶし

●能登ちょんがりぶし 麦焼酎(25度)1296日圓(720ml)

由石川縣唯一的燒酎專門製造所生產的本格麥燒酎，入喉滑順、口味清爽。

日本醗酵化成株式会社
‖珠洲‖ にほんはっこうかせいかぶしきがいしゃ
☎0768-82-1231
⌂珠洲市野々江町ア部58 MAP 121

若要仔細挑選特產酒，就到專賣店

店內還提供試喝，從平價酒款到期間限定品、稀有酒款都一應俱全。

柿市商店.酒部 かきいちしょうてん・さけぶ ☎076-221-2855 下近江町45-1 ⓒ9:00～19:00 週日、假日、週三不定休 P有 武藏ヶ辻巴士站下車步行3分 MAP 19 C-1

蕪菁壽司
かぶらずし

●100g583日圓

將蕪菁和青甘魚放入米糠醃漬，為金澤冬天的美味。

四十萬谷本舖
‖野町‖ しじまやほんぽ
☎076-241-4173 ☐金沢市弥生1-17-28 ⓒ9:00～18:00 每月1次週日不定休 P有 沼田町巴士站下車即到 MAP 18 A-4

這裡也買得到 金澤百番街

器茶漬け
うつわちゃづけ

●1個216日圓～281日圓

將最中扒開放在飯上，注入茶湯後就是一碗特別的佃煮茶泡飯。

佃の佃煮 本店
‖下新町‖ つくだのつくだにほんてん
☎076-262-0003 ☐金沢市下新町6-18 ⓒ8:45～19:00 週日、假日 無休 P有 尾張町巴士站下車步行5分 MAP 19 A-4

這裡也買得到 石川縣觀光物產館

三味竹葉壽司
さんみささずし

●10個裝1180日圓
［鮭3・鯛3・鯖4（內附脫氧劑）］

用竹葉包裹起來的金澤傳統美食——押壽司，有鮭魚、鯛魚、鯖魚3種口味。

芝寿し
‖金澤郊外‖ しばずし
☎076-240-4567 ☐金沢市保古3-183-2 ⓒ8:00～19:00 無休 P有 黑田巴士站下車即到 MAP 18 B-1

這裡也買得到 金澤百番街

雞肉蔬菜味噌
とりやさいみそ

●1袋231日圓

金澤冬天餐桌上不可或缺的料理「雞肉蔬菜鍋」的湯底。微微人蒜味的濃郁味噌風味讓人食慾大開。

まつや
☎076-285-0095
※超市販售

河豚卵米糠漬
ふぐのこぬかづけ

●1塊800日圓～

用米糠醃漬數年即可去除毒性的河豚卵巢，目前僅石川縣經許可販售。

金澤澤 北珍 肴の匠
‖金澤站‖ かなざわほくちんこうのしょう
☎076-260-3738 ☐金沢市木ノ新保町1-1 金澤百番街あんと内 ⓒ8:30～19:00 無休 P無 JR金澤站站內 MAP 19 A-1

獻上加賀棒茶
けんじょうかがぼうちゃ

●50g 648日圓

以茶莖煎焙而成，為金澤當地平常飲用的茶。香氣芳醇，很受到歡迎。

茶房 一笑
‖東山‖ さぼういっしょう
☎076-251-0108 ☐金沢市東山1-26-13 ⓒ10:00～18:00 週一（逢假日則翌日休） P無 橋場町巴士站下車步行5分 MAP 19 C-3

味噌・醬油
みそ・しょうゆ

●味噌500g 380日圓、1kg 980日圓
●醬油葫蘆瓶裝1瓶1320日圓

以嚴選原料、傳承古老製法做出的味噌，經過1年的熟成後甜味和香氣都很出色。

中六商店
‖尾張町‖ なかろくしょうてん
☎076-221-0154 ☐金沢市尾張町2-2-25 ⓒ9:30～18:00 週二 P有 武藏ヶ辻巴士站下車步行3分 MAP 19 C-1

次郎飴
じろあめ

●270g 1080日圓

成分只有優質米和大麥，並以獨特的製法引出原料本身的甜味。

あめの俵屋
‖小橋町‖ あめのたわらや
☎076-252-2079 ☐金沢市小橋町2-4 ⓒ9:00～18:00 週日～17:00) 不定休 P有 小橋巴士站下車即到 MAP 18 B-2

這裡也買得到 金澤百番街

若先到居酒屋品嘗過各式各樣的特產酒，要挑選伴手禮用的酒款就容易多了。不過請小心勿飲酒過量。

用金澤生產的保養品&吸油面紙
打造出美麗的肌膚

想要永遠維持青春美麗的願望是女性不變的追求目標。
金箔生產量佔全國98%、優質米和水釀造的特產酒也聞名遐邇的金澤，
可嘗試使用當地特有的美容產品來保養肌膚，讓自己變得更漂亮吧。

1 湯快系列

天然保濕成分和金箔的奢侈搭配組合。使用全套系列產品即可保養全身，讓肌膚緊實又有光澤。化妝水、護手霜、卸妝凝露中，還添加了目前熱門的胎盤素。湯快Pure全效凝露美麗（100ml）7560日圓、湯快黃金化妝水（300ml）3888日圓、美麗香精油（11ml）2160日圓、美麗護手霜（35ml）1512日圓、美麗黃金卸妝凝露（200ml）2808日圓

2 美箔麗

純金所擁有的負離子效果，有助於創造美麗肌膚。可在自宅輕鬆體驗護膚沙龍的純金美容。美白化妝水（中.120ml）2160日圓、黃金香皂（30g）1296日圓

○
使用金澤保養品讓肌膚光滑柔順

選擇親膚性的成分、調配出純天然的美妝品即所謂的金澤流。

3 金華Cosmetic

將號稱有整肌，保濕效果的黃金、擁有抗老作用的奈米白金膠體、玻尿酸、膠原蛋白等成分均勻調配，實現美肌夢想。奈米化妝水（150ml）3024日圓、保濕乳霜（80g）3024日圓、24K黃金面膜6480日圓

4 Amíno Ríce

由老鋪酒廠「福光屋」製作、無香精、無色素的天然基礎保養品。搭配具高保濕力、富含胺基酸的米發酵液，能打造出光滑、滋潤的肌膚。天然保濕化妝水6048日圓、保濕乳液6480日圓、抗皺精華液12960日圓

---

1 金銀箔工芸さくだ
‖東山‖きんぎんぱくこうげいさくだ
☎076-251-6777 ⌂東山1-3-27
🕐9:00～18:00 ㊡無休
Ⓟ有 ‼東山巴士站下車即到
MAP 19 C-3

2 金箔工芸品 田じま
‖武蔵‖きんぱくこうげいひんたじま
☎076-263-0221（週六・日・假日076-201-8486）⌂武蔵11-1 🕐10:00～17:30
㊡週二、夏天・冬天有公休 Ⓟ有 ‼
武蔵ヶ辻巴士站下車即到 MAP 18 B-2

3 箔一百番街店
‖金澤站‖はくいちひゃくばんがいてん
☎076-234-0891 ⌂木ノ新保町
1-1 金澤站金澤百番街あんと内
🕐8:30～19:00 ㊡無休 Ⓟ無
‼JR金澤車站內 MAP 19 A-2

4 福光屋
‖石引‖ふくみつや
☎076-223-1117 ⌂石引2-8-3
🕐10:00～19:00 ㊡無休
Ⓟ有 ‼小立野巴士站下車即到
MAP 18 C-4

金澤美人的秘密？

由於地處高濕度的雪國，金澤美人的肌膚白皙、完全沒有乾燥的問題。同時，也是受到以白山為源流的美麗水源恩賜所致。

5 美容金箔

可居家體驗高級護膚沙龍般的金箔護膚產品。敷在肌膚上後輕柔地按摩，能提高新陳代謝、讓肌膚緊實。美容金箔抽取式白金金箔（20片裝）2484日圓。

6 Esthetic Gold 金箔面膜24K

使用99.99%最高純度24K金的面膜用金箔。分為可直接敷在臉上、與手邊的保養品混合使用的2種款式。Esthetic Gold（10片裝）3251日圓、1/4尺寸（20片裝）2068日圓

5
茶屋美人 ‖東山‖ちゃやびじん

☎076-253-8883 ₼東山1-26-17 ⏰9:30～18:00（冬天～17:30）㊡無休 Ⓟ無（利用市營停車場）‖橋場町巴士站下車步行5分 ⲘⲀⲢ19 C-3

6
かなざわカタニ ‖下新町‖

☎076-231-1566 ₼下新町6-33 ⏰9:00～17:00 ㊡無休 Ⓟ有 ‖尾張町巴士站下車即到 ⲘⲀⲢ19 A-4

化妝後用吸油面紙略壓一下即可消除臉部的油光

藝妓吸油面紙

藝妓也愛用的懷華樓特製吸油面紙。面紙中含有金箔成分，皮脂的吸收力出類拔萃。藝妓吸油面紙（3本）1080日圓

含純金箔 吸油面紙

結合兼六園、和服裝扮的Hello Kitty所推出的吸油面紙商品，可愛的設計即使不是Kitty迷也會想要擁有。含純金箔吸油面紙（1本）378日圓

金澤東茶屋街 懷華樓
‖東山‖かなざわひがしちゃやがいかいかろう

☎076-253-0591 ₼東山1-14-8 ⏰9:00～17:00 ㊡無休 Ⓟ無 ‖橋場町巴士站下車步行5分 ⲘⲀⲢ19 C-3

金沢わらじ屋本店
‖長町‖かなざわわらじやほんてん

☎076-223-5008 ₼長町2-3-35 ⏰9:30～17:00 ㊡不定休 Ⓟ無 ‖香林坊巴士站下車步行7分 ⲘⲀⲢ20 A-2

金澤保養品在網路上也買得到，因此若覺得該產品好用也能繼續購買。

金澤／保養品＆吸油面紙

將金箔的美的力量
全部注入到肌膚的最深處

黃金具有保濕、排毒、美白、鎮靜等，集各種美容效果於一身。
金箔，能夠讓美容成分直接被肌膚吸收。
在金箔的盛產地‧金澤，感受一下不可思議的金箔護膚體驗。

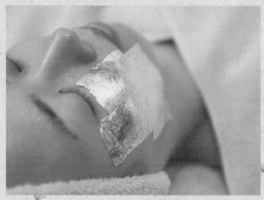

充分保濕後，
就要開始
貼上金箔了。

宛如峇里島度假村般的
美麗建築物。

連克麗歐佩特拉也著迷的金箔護膚

自古以來金箔的美容效果已經廣為流傳，聽說埃及艷后克麗歐佩特拉也會將金箔塗在臉上，甚至還會泡在金箔浴池中呢。

護膚療程結束後…

變成不需要擦粉底的彈性肌膚

金箔護膚療程結束後，肌膚會變得很有彈性，膚色看起來也亮了一階。可省略擦粉底步驟的驚人效果，讓人滿意度破表。

金箔的薄度竟然只有1萬分之1mm！

一點一滴將金箔的美容力量吸收進去…

用金箔來保養吧

白金金箔保養品
Touch of GOLD系列
3780日圓～

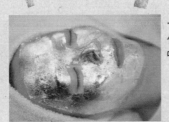

アプサライ ‖野々市‖

導入玉石礦物質浴和海洋深層水浴池等吸收大自然的療癒力量，並搭配護膚療程結合美與健康的全方位照護。只選用當地食材的自然食餐廳也非常吸引人。

☎076-213-5544 ⌂野々市市御経塚3-278
🕐10:00～21:00 困週二 ¥金箔護膚21600日圓～ Ⓟ有
‖JR野々市站搭計程車5分

茶屋美人 ‖東山‖ ちゃやびじん

由金箔專賣店「箔座」經營、以"美"為主題的商店。除了原創美妝品外還供應甜點、茶等，店後方甚至還有專為"美"而打造的飲料吧。只有到了金澤才能體驗的"美"就在這兒。

☎076-253-8883 ⌂金沢市東山1-26-17 🕐9:30～18:00(冬天～17:30) 困無休 Ⓟ無(利用市營停車場) ‖橋場町巴士站下車步行5分 MAP 19 C-3

在自家使用金箔面膜時先將肌膚清洗乾淨並做好保濕，效果就會更好喔。

既方便又讓人安心的都會飯店
就以交通的便利性來抉擇吧

要選抵達後馬上就能Check in的站前區，
還是選前往觀光景點比較方便的鬧區？
不論哪一種皆有優質飯店可以供挑選，不需擔心。

❶充滿優質感和奢華感的客房「Luxe Style」！ ❷極具格調的大廳 ❸金澤站就在眼前

可瞭望古都，北陸數一數二的高級飯店

金澤日航飯店 ‖金澤站‖ホテル日航金沢

地面30層樓高建築，號稱北陸第一高的瞭望景觀別具一格。客房全都規劃在17樓以上，靠山側能一望城下町金澤充滿風情的街景，靠海側的房間則可欣賞慢慢沉入日本海的夕陽和漁火。另外，

飯店內還設有8間餐廳＆酒吧·沙發吧，可享受美食之都金澤的美食和氣氛，品嘗使用北陸新鮮食材烹調的季節料理。

☎076-234-1111
⌂本町2-15-1
🕐IN14:00 OUT12:00
🛏W108·T128·其他18
Ｐ有
‼JR金澤站東口步行3分
MAP 19 A-2

出發來城下町觀光

附美麗升級的體品♪

客房都設在17樓以上！

在房內盡情享受Girl's Talk♪

人氣的自助式早餐

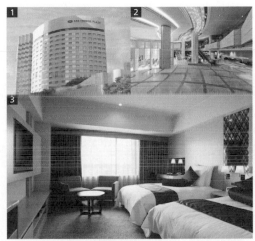

1 2 3

國際型飯店的細緻款待

金澤全日空王冠廣場飯店

‖金澤站‖ANAクラウンプラザホテル金沢

一踏入飯店即天花板高8.5m的迎賓大廳。開放感十足的空間，讓人感受到奢華的氣氛。鄰近金澤站的地理位置也很吸引人。國際標準的客房內備品相當齊全，可提供賓客舒適的睡眠以及優質的旅程。

☎076-224-6111
🏠昭和町16-3
🕐IN13:00 OUT12:00
🛏S71、T103、W62 🅿有
‼JR金澤站東口下車即到
MAP 19 A-2

費用專案
住宿費用視季節和星期幾每日變更
商務旅客也能安心
提供高速網路服務（免費）

1 圓形的外觀是醒目地標
2 寬敞開放的大廳
3 沉穩氛圍的室內

兼具傳統與格調的老字號飯店

KANAZAWA NEW GRAND HOTEL ‖南町‖金沢ニューグランドホテル

位於金澤中心區，前往各觀光景點也十分方便。料理的評價很高，從最頂樓的餐廳＆酒吧能夠欣賞到夜間點燈的尾山神社神門等金澤的美麗夜景。

☎076-233-1311
🏠南町4-1
🕐IN14:00 OUT11:00
🛏S43、T52、和室3、大套房1
🅿有 ‼南町巴士站下車即到
MAP 20 C-1

費用專案
S10098日圓～、T19008日圓～、W16632日圓～
這裡最推薦
邊眺望尾山神社，邊於餐廳「ロウ」品嘗美式早餐是很棒的享受

古典氛圍是老舖的風情

2014年10月更名·重新開幕！

東急金澤大酒店 ‖香林坊‖金沢東急ホテル

位於香林坊中心，兼六園等地皆在步行範圍內。就算在鬧區片町玩到很晚也沒關係。在餐廳「マレ・ドール」可品嘗道地的法國菜晚餐。

☎076-231-2411
🏠香林坊2-1-1
🕐IN14:00 OUT12:00
🛏S40、T172、W20 🅿有
‼香林坊巴士站下車即到
MAP 20 B-2

費用專案
住宿費用會視季節和星期幾而異動
這裡最推薦
全室設置Wi-Fi（免費）
有禁菸樓層
與KOHRINBO 109鄰接

客房空間很寬敞

金澤站前不斷有新的商務飯店開幕，推薦給節約派的人。

下榻饒富風情的絕佳和風旅館

選擇旅遊氣氛濃厚的和風旅館住宿，也是遊覽城下町的樂趣之一。
金澤當地有許多古色古香、歷史悠久的旅館。
可體驗與飯店截然不同的風雅夜晚。

1 數寄屋樣式的旅館內，浴池為24小時開放使用
2 羅列著講究食材的宴席料理一例

1 寬敞的室內還附有廣緣
2 位於從金澤站步行即到的絕佳地點，巨大的招牌十分醒目

以講究食材製作的宴席料理評價很高

旅館 橋本屋 ‖寺町‖ りょかんはしもとや

離熱門的忍者寺等約70間寺院聚集的寺町寺院群很近。使用最高級的越光米「滝の精」等講究的食材，由老闆親自施展手藝的原創宴席料理受到各方的好評。

☎076-243-1631 ⌂十一屋町3-30 ⏱IN15:00 OUT10:00 🛏和室10 ℗有 🚌十一屋巴士站下車即到 MAP 18 C-2

費用專案
1泊附早餐　7800日圓～
1泊2食　9500日圓～（平日）

這裡最推薦
擁有日本古老旅館特有的風情，能享受悠然的愜意時光

享受加賀屋的好味道

料理旅館 金沢茶屋 ‖金澤站‖ りょうりりょかんかなざわちゃや

位於金澤站前，為日本遠近馳名的加賀屋集團旗下的料理旅館。能品嘗到只使用當令食材、一道道精心創作的正統割烹料理。

☎0120-378-223 ⌂本町2-17-21 ⏱IN15:00 OUT10:00 🛏和室18 ℗有 🚃JR金澤站東口步行3分 MAP 19 B-2

費用專案
1泊2食
平日30240日圓～
假日前日30240日圓～

這裡最推薦
由加賀屋前料理長負責掌廚的料理在配色上也很漂亮

■還保留江戶時代原貌的塗漆天花板和樑柱的「赤壁之間」
②近江町市場、兼六園和長町武家宅邸遺址等景點都步行即到，相當方便

■很有茶屋街風的加賀格子玄關，旁邊還有別具風情的中庭
②在茶屋街還能聽到從屋內流瀉出來的三味線琴聲

創業360年、金澤第一的老舖旅館

すみよしや旅館 ‖十間町‖ すみよしやりょかん

金澤地區歷史最悠久、甚至在江戶時代的導覽地圖上還留有名字的旅館。朱紅的牆面、彎曲的粗樑木、採光窗等，充滿歷史風情的古老木造建築能讓人心情感到平靜。市內觀光名勝都在步行範圍內的所在位置也很有魅力。

☎076-221-0157 ☗十間町54
⏰IN15:00 OUT10:00
🏠和室8 🅿有 🚌武藏ヶ辻巴士站下車步行3分 MAP 19 C-2

費用專案
1泊附早餐
7200日圓～
1泊2食
11000日圓～

這裡最推薦
提供免費自行車租借

窗外即可一望淺野川和主計町茶屋街

木津屋旅館 ‖主計町‖ きづやりょかん

由原本為茶屋的建築改裝而成的旅館。從2、3樓的客房可瞭望優美的淺野川和茶屋街的古風街景，很有意境。離兼六園、東茶屋街也很近，是便於觀光的好位置。

☎076-221-3388 ☗主計町3-8
⏰IN15:00 OUT10:00
🏠和室13、洋室1 🅿有 🚌橋場町巴士站下車即到 MAP 19 A-3

費用專案
1泊不附餐
平日4320日圓～
假日前日5400日圓～（2人～）

這裡最推薦
有的客房能看到點燈裝飾的淺野川夜景

有飯店，也有溫泉旅館
金澤・加賀・能登的住宿情報

以下是可療癒旅途疲憊的推薦飯店＆旅館介紹。
依照客房面積、價格等所評鑑出的7大指標僅供參考。

住宿費用是以淡季平日、客房數最多的房型，2名1室利用時1人的費用為基準。
飯店則為1間房的費用。

金澤 H 金澤都酒店
金沢都ホテル　C 煙 ↓ ✿

☎076-261-2111 ¥S11880日圓～、
T21384日圓～ ⏰IN14:00 OUT11:00
🛏S102、T78、W5、和室1
🚶JR金澤站下車即到
P有 MAP 19 B-1

位於金澤站東口的正面，巴士總站就在
眼前，觀光便利的飯店。明亮的客房和
工作人員的貼心服務也很受好評。

金澤 ペ Camellia Inn雪椿
カメリアイン雪椿　煙

☎076-223-5725 ¥9720日圓～(1泊附
早餐) ⏰IN15:00 OUT10:00
🛏T4、三人房1、大套房1
🚶兼六園下巴士站下車步行3分
P有 MAP 21 F-2

外觀為木造建築的古民宅，內部裝潢則
走西洋骨董風。早餐是使用當地食材的
健康料理。

金澤 H KKR HOTEL KANAZAWA
KKRホテル金沢　C 煙 ↓ ✿

☎076-264-3261 ¥S8000日圓～、
T16000日圓～ ⏰IN15:00 OUT11:00
🛏S34、T20、和室5、大套房1
🚶尾張町巴士站下車步行5分 P有
MAP 18 B-3

位於金澤城大手堀的正面，雖然地處金澤
市中心卻有綠意環繞，閑靜的氛圍讓人忘
卻周遭的喧囂。離兼六園和近江町市場也
很近，清晨、傍晚要散步都很方便。

金澤 H 金澤白鳥路酒店
金沢白鳥路ホテル　C 煙 覽 ↓

☎076-222-1212 ¥T18000日圓～
⏰IN14:00 OUT12:00
🛏T76、和室9
🚶兼六園下巴士站下車步行5分
P有 MAP 18 B-3

備有金澤市內飯店中少見的天然溫泉，瀰
漫著大正時代浪漫氛圍的新古典樣式飯
店。

金澤 H BUSINESS HOTEL VIAINN KANAZAWA
ヴィアイン金沢　C 煙 ✿

☎076-222-5489 ¥S7000日圓～、
T13400日圓～ ⏰IN15:00 OUT10:00
🛏S202、T4 🚶JR金澤車站內(西口)
P有 MAP 19 A-1

加賀 旅 山代溫泉 彩華之宿 多々見
やましろおんせんさいかのやどたたみ　C ♨

☎0761-77-2200 ¥11700日圓～(1泊2食) ⏰IN15:00 OUT10:
00 🛏和室35 🚶山代溫泉南口巴士站下車步行3分 P有 MAP 106
POINT 以能享受奢侈的包租露天浴池。包租個室岩盤
浴以及創意加賀料理為賣點的料理旅館。

金澤 H 金澤大和ROYNET飯店
ダイワロイネットホテル金沢　C 煙 ↓ ✿

☎076-224-7755 ¥S8800日圓～、T16600日
圓～ ⏰IN14:00 OUT11:00 🛏S132、T30、
W12、他34 🚶JR金澤站下車即到 P有
MAP 19 B-1 POINT 有女性專用客房。

加賀 旅 白鷺湯たわらや
しらさぎゆたわらや　C ♨ ↓ ✿

☎0761-78-1321 ¥15900日圓～(1泊2食) ⏰IN14:00 OUT12:00
🛏和室52 🚶JR加賀溫泉站搭接駁巴士20分 P有 MAP 103
POINT 眼前即鶴仙溪風光的絕景旅館。在近距離欣賞河川
的野天浴池中，可邊聆聽潺潺溪水聲邊享受泡湯之樂。

金澤 H KANAZAWA NEW GRAND HOTEL ANNEX
かなざわニューグランドアネックス　C 煙

☎076-233-7000 ¥S10098日圓～、
T19008日圓～ ⏰IN15:00 OUT11:00
🛏S55、T60 🚶南町巴士站下車步行3分
P有(1泊1000日圓) MAP 18 B-3

能登 旅 大正ロマンの宿 渡月庵
たいしょうロマンのやどとげつあん　C ♨ 覽 ✿

☎0767-62-1788 ¥16000日圓～(1泊2食) ⏰IN14:00 OUT10:00
🛏和室11 🚶JR和倉溫泉站搭接駁巴士5分 P有 MAP 114
POINT 大正時代興建，別具風情的數寄屋建築。附岩
盤浴的包租浴池為源泉流動式溫泉。

C 可使用信用卡　新 2010年之後開業或重新裝潢　煙 有禁煙客房　♨ 有露天浴池　單人房面積20㎡以上
↓ 正常的退房時間為11時以後　✿ 有針對女性顧客的服務　旅 旅館　H 飯店　民 民宿　公 公共住宿　ペ 歐風民宿

金澤附近的溫泉

在氤氳蒸氣中，悠閒愜意地享受溫泉。
不禁感歎來金澤觀光真是太棒了。
金澤周遭有湯涌溫泉、加賀溫泉鄉、和倉溫泉等，
擁有悠久歷史的溫泉區。
從老字號高級旅館到平價的民宿，
有許多可配合各種旅遊型態的旅館。
可以穿著浴衣到街上閒逛，
或是到SPA和護膚中心舒緩身心也很不錯。
不妨在愉悅氛圍下，享受片刻放鬆時光。

金澤的周邊
有許多頂級溫泉

充分享受金澤市區的觀光後，
可稍微走遠一些前往溫泉區逛逛。
接下來介紹的是離金澤很近的優質溫泉地。

1 山中溫泉花つばき
（ P.105）
2 山中溫泉亦是紅葉名勝

湯涌溫泉
ゆわくおんせん

加賀藩主也常來的
金澤市郊外溫泉地

距金澤中心區車程約20分鐘、地處山麓的溫泉街。因作為歷代加賀藩主的溫泉療養地而繁榮，明治時代後也廣受文人墨客的喜愛。屬於弱食鹽泉，對外傷、皮膚病、風濕症具有療效。

交通 JR金澤站搭北陸鐵道（北鐵）巴士往湯涌溫泉方向50分，終點下車

1 從あたらしや（ P.101）的浴池能遠眺美麗的群山
2 かなや（ P.100）的包租露天浴池

加賀溫泉鄉
かがおんせんきょう

聚集個性豐富的
4個溫泉地

背對靈峰・白山，聚集了山中、山代、片山津、粟津溫泉等4處溫泉。泉質佳、溫泉水量豐沛，還有許多提供完善服務的旅館。離漁港很近，所以能品嘗新鮮的海味也是魅力之一。

交通 JR金澤站搭北陸本線特急25分，加賀溫泉站下車再前往各溫泉地

1 被鶴仙溪的潺潺流水環繞的山中溫泉 **2** 以「長壽之湯」聞名的山代溫泉、たちばな四季亭的庭園露天浴池（ P.108）**3** 山代同時也是九谷燒的故鄉

山中溫泉 やまなかおんせん
泡湯時還能聽到
潺潺的溪水聲

可眺望連松尾芭蕉也讚嘆、擁有豐大自然美景的鶴仙溪。據說從1300年前的奈良時代就已經開發，如今優質的溫泉水依這源源不絕地湧出。

交通 JR加賀溫泉站搭加賀溫泉巴士往山中溫泉方向・栢野方向30分，山中溫泉下車

粟津溫泉 あわづおんせん
1300年持續湧出的
「美肌之湯」

自718（養老2）年開湯以來就一直滾滾湧出的歷史悠久溫泉街。泡湯後肌膚會變得滑嫩的「美人湯」很受好評。

交通 JR小松站搭小松巴士往粟津溫泉或那谷寺方向33分，粟津溫泉下車

山代溫泉 やましろおんせん
熱氣裊裊上升
很有情調的溫泉街

曾作為加賀藩的藩湯而興盛一時，優質溫泉旅館林立。為加賀溫泉鄉中規模最大者，「溫泉、款待、料理」三大優點皆可盡享。

交通 JR加賀溫泉站搭加賀溫泉巴士往山中溫泉方向・栢野方向12分，山代溫泉下車

片山津溫泉 かたやまづおんせん
從湖畔旅館
可一望如夢似幻的景色

一天會變換7次顏色的柴山潟沿岸旅館林立，湖面還倒映著遠方靈峰・白山的神聖之姿。

交通 距JR加賀溫泉站車程10分，或從北陸自動車道片山津IC車程5分
※也可搭乘CAN BUS

和倉溫泉
わくらおんせん

能享受1200年前湧出的源泉
並盡情大啖新鮮海鮮

擁有闊湯1200年歷史的北陸首屈一指
溫泉地。從當地旅館不僅能欣賞近在
咫尺的海景，還能品嘗從七尾灣捕撈
的新鮮海味。

交通 JR金澤站搭七尾線特急1小時和倉
溫泉站下車，再轉搭北鐵能登巴士5分和倉
溫泉下車

1 加賀屋的展望露
天浴池景觀令人屏
息讚嘆 2 接待也是
最高品質（☞P.114）

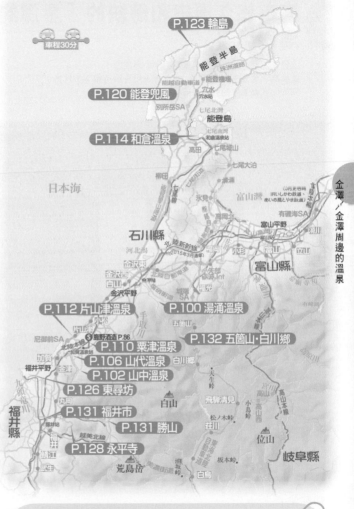

車程30分

P.123 輪島

能登半島

P.120 能登兜風

P.114 和倉溫泉

日本海

石川縣

富山縣

P.112 片山津溫泉

P.100 湯涌溫泉

鹿野酒造 P.86

P.110 粟津溫泉

P.132 五箇山・白川鄉

P.106 山代溫泉

P.102 山中溫泉

P.126 東尋坊

P.131 福井市

P.131 勝山

福井縣

P.128 永平寺

岐阜縣

加賀觀光的便利「CAN BUS」

若要前往加賀觀光，搭乘周遊加賀市內全域的「CAN BUS」就很方便。
以JR加賀溫泉站為起點，有往山代・山中溫泉方向的環山線以及往片山
津方向的環海線等2條路線，2012年4月起還新增了小松機場線。1日
券・2日券均可在CAN BUS車內購買。

●1日券1000日圓、2日券1200日圓　　●洽詢處　☎0761-72-7777（まちづくり加賀）

下榻溫泉旅館的樂趣，不僅僅是泡湯、料理也是注目的焦點喔。

擁有悠久歷史和傳統的「金澤的後花園」
湯涌溫泉

連歷代加賀藩主也會前來療養的小小溫泉街，
被稱為「金澤的後花園」，是金澤人用來款待賓客的地方。
宛如山間祕湯般的風情很吸引人。

1 玻璃窗打開後就是露天的包租浴池
2 獨棟「青巒莊」的房間，為可一望庭園、充滿風情的設計
3 湯涌特產柚子壹，以及豐富的山產料理

湯涌みどりの里 P
・秀峰閣　H あたらしや
H 懷石料亭戶田屋
湯の川
・湯涌溫泉 福神橋
湯涌溫泉 テニスコート
湯涌溫泉 ♨
かなや H
金沢・湯涌 山音
金澤湯涌夢二館
さかえや H
お宿やました H ♨白鷺之湯
冰室小屋
步行10分
・湯涌散策園
玉泉湖
周邊圖 ●P.99

能感受山村悠閒氛圍
輕鬆自在的旅館

かなや

以骨董小物和野花隨意裝飾，並提供女性貼心服務的旅館。還備有數寄屋樣式、獨棟兩層樓房型的「青巒莊」，推薦團體旅客利用。

旅館　☎076-235-1211
⌂ 金沢市湯涌町イ56
🕐 IN15:00 OUT10:00
🛏 和室20、和洋室2 Ｐ有
🍴 湯涌溫泉巴士站下車步行3分

費用專案

1泊2食（本館）
平日15000日圓～、
假日前日17000日圓～
紀念日專案
1泊2食
平日20000日圓～

純和風氛圍
讓人心曠神怡
あたらしや

創業250年的老舖旅館。有石板路和格子窗的設計，充滿意境的和風氛圍讓人感到舒暢。重視隱私的舒適空間，以及為季節增添色彩、令人愉悅的創意料理是該旅館的賣點。

旅館 ☎076-235-1011
🏠金沢市湯涌荒野町89-2
🕐IN15:00 OUT 10:00
🚪和室8 Ｐ有
🍴湯涌溫泉巴士站下車步行3分

費用專案
1泊2食
平日18900日圓～、
假日前日21000日圓～

1數寄屋建築的沉穩風格旅館
2能遠眺醫王山的山巒景色、
邊享受溫泉「赤御影石の湯」

可參觀商家和農家等建築
金澤湯涌江戶村 かなざわゆくえどむら

對外開放2棟商家、1棟武士住宅、4棟農家、1棟宿場問屋等藩政時代建築。其中有國家、縣、市的指定建築，尤其以山川家最值得一看。

戶外博物館 ☎076-235-1267 🏠金沢市湯涌荒屋町35-1 🕐9:00～17:00 週二(逢假日則翌平日休) ¥300日圓 Ｐ有 🍴湯涌溫泉巴士站下車步行5分

溫泉／湯涌溫泉

畫家竹久夢二也曾在此停留
お宿やました
おやどやました

位於湯涌溫泉街最深處的旅館，以大正時代的美人畫家·竹久夢二與戀人曾經停留之地而廣為人知。能吃得到使用有機米、當地山菜等食材精心製作的料理。

旅館 ☎076-235-1021
🏠金沢市湯涌町イ-165
🕐IN15:00 OUT10:00
🚪和室10 Ｐ有
🍴湯涌溫泉巴士站下車步行5分

費用專案
1泊2食
平日14040日圓～、
假日前日19440日圓～
溫泉DE同窗會專案
平日女性17820日圓
男性18900日圓
※週六·日、假日前日加收2000日圓，新年期間費用另計

陶醉在竹久夢二的世界
金澤湯涌夢二館
かなざわゆくゆめじかん

除了常設展示大正浪漫時代的詩人畫家·竹久夢二的作品外，每年還會舉辦4次企畫展，並附設商店。

紀念館 ☎076-235-1112 🏠金沢市湯涌町イ144-1 🕐9:00～17:00 換展期間 ¥300日圓 Ｐ有 🍴湯涌溫泉巴士站下車步行4分

保存至今的雪貯藏庫
冰室小屋 ひむろごや

江戶時代為了在夏天能向將軍進貢而設置了貯藏雪塊的冰室小屋。目前仍會於每年1月舉辦貯雪、6月開設冰室的活動，成為金澤特有的季節風情。

活動 ☎076-235-1040
(湯涌溫泉觀光協會) 🍴湯涌溫泉巴士站下車步行8分

金澤當地配合冰室開啟時間有在7月1日吃冰室甜饅頭的習慣，不論哪一家和菓子店均有販售。

療癒身心的潺潺流水聲
山中溫泉

耀眼的新綠、鮮豔的紅葉，
被「鶴仙溪」四季繽紛景色所環繞的山中溫泉。
在美麗大自然中享受溫泉，有種特殊的幸福感。

整個繞上一圈
120分

建議出遊的時段

從巴士總站逛逛伴手禮店邊一路往前走即可抵達蟋蟀橋，途中還可泡足湯和參觀山中漆器。從蟋蟀橋欣賞鶴仙溪的美景後，可沿著溪旁的觀光步道散步。

貫穿溫泉街的
療癒系溪谷
鶴仙溪 かくせんけい

溪谷位於流經加賀市的大聖寺川中游。美麗的景色，連松尾芭蕉都曾停留了9天之久。漫步在溪旁的觀光步道，即可欣賞砂岩受侵蝕而成的奇岩怪石和四季應時的自然景觀。

溪谷 ☎0761-78-0330（山中溫泉觀光協會）加賀市山中溫泉 JR加賀溫泉站搭加賀溫泉巴士往山中溫泉方向25分，山中溫泉巴士總站下車步行3分

瀑布的清涼水聲也
很有療癒效果

山中溫泉最具象徵的全檜木造橋
蟋蟀橋 こおろぎばし

位於鶴仙溪上游的全檜木造橋，是山中溫泉的象徵。據說在江戶元祿年間就已經建造。從橋上可眺望鶴仙溪的美景，也是著名的紅葉勝地。

橋 ☎0761-78-0330（山中溫泉觀光會）加賀市山中溫泉こおろぎ町 有 JR加賀溫泉站搭加賀溫泉巴士往山中溫泉方向25分，山中溫泉巴士總站下車步行20分

秋季有美麗的紅葉妝點

將溫泉街和鶴仙溪、
櫻公園連結起來

獨特的設計讓人印象深刻
綾取橋

由花道草月流掌門人敕使河原宏所設計的橋樑。前衛的S字型、鮮豔的色調很引人注目，夜晚的點燈裝飾也很漂亮。

橋 ☎0761-78-0330（山中溫泉觀光協会）加賀市山中溫泉河鹿町 有 JR加賀溫泉站搭加賀溫泉巴士往山中溫泉方向25分，山中溫泉巴士總站下車步行8分

巡迴巴士「散步號」

遊覽山中溫泉搭「散步號」就很方便。繞行1圈40分鐘500日圓（若下楊山中溫泉以外的溫泉地則為800日圓，並附贈道場六三郎手巾），2天內可不限次數搭乘。還會由當地旅館的老闆娘們來做觀光導覽。

→美麗木紋的山中塗木碗（2500日圓～）出自師傅的手工製作

選購日常使用的山中塗器皿當伴手禮

ギャラリー桂寛 ギャラリーけいかん

山中漆器的工房直營店。從藝術家的高價作品到木碗、筷子、碟盤等以餐具為中心的商品均有販售。另外，店鋪的地下室還有暢貨商品陳列區。

（工藝品）☎0761-78-2330 ⌂加賀市山中溫泉こおろぎ町 ①9:30～17:30 困無休 ℗有
‼JR加賀溫泉站搭加賀溫泉巴士往山中溫泉方向25分，山中溫泉巴士總站下車步行10分

↑漆器的保養方法等問題詢問以向店員詢問

→位於蟋蟀橋旁、紅殼格子外觀讓人印象深刻的店

散發純米吟釀芳香的霜淇淋讓人讚不絕口

松浦酒造
まつうらしゅぞう

從一粒米開始精心嚴選，以清酒「獅子の里」受到好評的釀酒廠。以純米吟釀的酒粕霜淇淋300日圓，香氣濃郁芳醇、口感清爽。

當地旅館也給予高度評價的酒款「獅子の里」的釀酒廠

（酒）☎0761-78-1125 ⌂加賀市山中溫泉本町2
①8:30～19:00 困無休 ℗有 ‼JR加賀溫泉站搭加賀溫泉巴士往山中溫泉方向25分，山中溫泉巴士總站下車步行5分

醬油糰子各110日圓、紅豆粒餡艾草糰子各130日圓。

ここや
100%越光米的鬆軟糰子

店內能品嘗只使用越光米為原料做成的糰子。鬆軟、Q彈的口感，很受當地人的喜愛。有醬油、海苔等8種口味可以挑選。

（甜點）☎0761-78-0303 ⌂加賀市山中溫泉南町口15-1 手作り仲間の小路内 ①10:00～17:00（糰子售完即打烊）困週四、不定休 ℗無
‼JR加賀溫泉站搭加賀溫泉巴士往山中溫泉方向25分，山中溫泉巴士總站下車步行10分

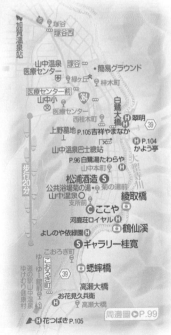

加賀溫泉站

塚谷
塚谷西

山中溫泉醫療センター
栃谷
簡易グラウンド
緑ヶ丘
桂木町
醫療センター前
醫療センター
山中小
西桂木町
白鷺大橋 翠明
P.39
上野墓地 P.105吉祥やまなか
山中溫泉巴士總站
P.104 かよう亭
P.96 白鷺湯たわらや
山中本町
松浦酒造 S 菊の湯別館
役所前
山中溫泉 C ここや 綾取橋
河鹿荘ロイヤル
よしのや依緑園 S ギャラリー桂寛 鶴仙溪

步行20分

こおろぎ町
蟋蟀橋 P.39
道の駅山中溫泉ゆけむり健康村 高瀬大橋
お花見久兵衛 高瀬大橋

H 花つばき P.105

周邊圖 ○P.99

稍微奢侈一下
山中溫泉的頂級旅館

擁有鶴仙溪豐沛大自然恩賜的山中溫泉，
有好幾間讓人想奢侈一下體驗看看的旅館。
忘卻平日的繁忙，享受一段奢華的悠閒時光。

僅10間客房，提供最頂級的服務

かよう亭 かようてい

約1萬坪的占地只有10間客房，讓每位賓客都能感受到老闆娘無微不至的款待之心。館內鋪上整潔的榻榻米，到處可見當地藝術家的作品展示、宛如藝廊般。無農藥的合鴨米，蔬菜和從腹地內山上所摘採的山菜、野生的魚等，以當地食材為中心烹調的料理極其豐盛。從露天浴池可一人獨享鶴仙溪的絕景，在潺潺流水聲中彷彿置身於夢境。

1 100％天然源泉大浴場的景觀真的只能用絕景來形容 2 兩間打通相連的寬敞客房 3 石烤新鮮甜蝦 4 傢俱用品也都是高品質 5 泡湯後可在搖椅上休息一下

☎0761-78-1410 ♔加賀市山中溫泉東町1-ホ-20 ⏰IN12:00 OUT12:00 🛏和室10 🅿有 ‼JR加賀溫泉站搭加賀溫泉巴士往山中溫泉方向25分，山中溫泉巴士總站下車步行3分
MAP 103

費用專案

1泊2食
39960日圓〜　泡湯稅另付150日圓（不適用於黃金週、盂蘭盆節、過年期間、連假）

這裡最推薦
・自家製花草茶
・附贈和菓子
・精油療程（付費）

歡迎光臨

要不要來杯薄荷茶呢？

要泡湯嗎？

用餐囉

精油療程也很推薦

享受天然溫泉和正統SPA的悠閒時光

吉祥やまなか きっしょうやまなか

北陸規模最大的「吉祥SPA」和美麗的鶴仙溪景觀、加賀宴席及鐵板燒美食等極受女性歡迎。下午茶和大廳的飲料暢飲，傍晚泡湯後享用的啤酒、包租溫泉、山中節公演等免費的服務也很令人心動。

☎0761-78-5656
加賀市山中溫泉東町1-小14-3
🕐IN14:00 OUT11:00
🛏和室40、洋室4 🅿有
🍴JR加賀溫泉站有接送(需預約)
MAP 103

費用專案

1泊2食
平日24800日圓～
假日前日30390日圓～
club吉祥(2泊以上的房客)
提供翌日午餐或可自選的晚餐、共同浴場溫泉巡禮等服務

以加賀五彩營造出的華麗空間

1 所有溫泉設施的備品都很完善。也可前往姊妹館「かがり吉祥亭」泡湯
2 透過金箔護膚與海藻泥浴療癒五感的「吉祥SPA」
3 女性可免費租借彩色浴衣

温泉／山中溫泉的旅館

在大自然懷抱中享受野天浴池「湯畑」

花つばき はなつばき

眼前即悠悠流淌的大聖寺川，引自天然源泉的野天浴池「湯畑」相當有名。位於稍微遠離市區的山谷地帶，可感受四周被大自然環抱的寂靜時光。還有一望溪谷的室內浴池和露天浴池。料理則提供充滿季節感、風味優雅的京風懷石。

費用專案

1泊2食
平日16200日圓～
假日前日21600日圓～
(依季節變動)
三湯巡禮
附釜飯午餐和入浴
3500日圓 (11:00～15:00)

☎0761-78-5500
加賀市山中溫泉栢野町ハ36
🕐IN14:00 OUT11:00
🛏和室50 🅿有
🍴JR加賀溫泉站有接送(需預約)
MAP 103

1 沿著川邊、宛如梯田般層層相連的「湯畑」 2 穩氛圍的和風客室 3 眼前就是緩緩流淌的大聖寺川

到山代溫泉
騎自行車逍遙遊

山代的溫泉街是一條以公共浴場為中心的商店街，
觀光景點也都很集中。
就租輛自行車恣意遊逛充滿風情的溫泉町吧。

整個繞上一圈
90分

山代溫泉街本身的範圍並不
大，所以推薦騎自行車遊逛。
若時間充裕，也可搭CAN
BUS（☞P.99）巡訪加賀市
的觀光景點。

建議出遊的時段

充滿玩心的九谷燒
九谷美陶園 くたにびとうえん

帶點玩心設計的原創茶杯、碗、碟盤等商品，
光是用眼睛欣賞描繪精緻的圖案就已經樂趣十
足。店內還陳列著傳統圖案以及北大路魯山人
的複製作品。

☎0761-76-0227 ⬆加賀市山代溫泉16-71 🕘9:00
～17:00 🈺週三（逢假日則營業）🅿有 ‼JR加賀溫
泉站搭CAN BUS 10分，九谷美陶園下車即到

陳列高達300種作品的展示間

引人注目的九谷燒磁磚
山代溫泉公共浴場
やましろおんせんそうゆ

從天窗有陽光灑落的大浴場內，
有深度不一樣的2座浴槽。壁面由
32位當地藝術家手繪的九谷燒磁
磚妝點出繽紛色彩，營造出華麗
的空間感。

☎0761-76-0144 ⬆加賀市山代溫泉万松園通2-1 🕘6:00～22:00
🈺無休（每月第4週三的6:00～12:00公休）💴440日圓 🅿有 ‼JR
加賀溫泉站搭CAN BUS 14分，山代溫泉総湯下車即到

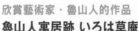
作品依樣式別展
示，一目瞭然

溫度微高，讓身子整個都暖活起來
源泉・足湯 げんせん・あしゆ

可到山代溫泉公共浴場附近
的足湯免費享受泡足湯的樂
趣。源泉的溫度稍微偏高，
所以即使在寒冬也能讓全身
都暖烘烘。

設有屋頂，下雨和飄雪都不需擔心

欣賞藝術家・魯山人的作品
魯山人寓居跡 いろは草庵
ろさんじんぐうきょあといろはそうあん

對外開放知名美食家北大路
魯山人曾留駐的別墅，展有
書齋、工作室、實際雕刻的
招牌等。

☎0761-77-7111 ⬆加賀市山
代溫泉18-5 🕘9:00～16:30
🈺週三（逢假日則開館）🅿有
‼JR加賀溫泉站搭CAN BUS
16分，万松園通・魯山人寓居
跡いろは草庵下車即到

32歲時彫刻旅館招牌的房間

周邊圖 ☞P.99

山代小
⊗

山代C

151
山代小前
山代小西口
山代中橋
九谷美陶園 🚏
九谷美陶園 ⑤
山代溫泉
西口
佑企 ⑤
常盤 ⑤
🚻加賀的宿宝生亭
桔梗ケ丘北
富士屋
桔梗ケ丘
兒童公園 桔梗ケ丘
百万石 広場
（休業中）
🚻
11
桔梗ケ丘
P.96
山代溫泉
彩華の宿 多々見

⬇山中溫泉

溫泉／山代溫泉

可欣賞道地的九谷燒

魯山人曾來習藝的傳統窯場
九谷燒窯元 須田菁華
くたにやきかまもとすだせいか

鋪著榻榻米的店內，陳列著
色彩鮮豔、風格雅致的九谷
燒。北大路魯山人也曾來到
此窯場學習陶藝，他所彫刻
的招牌如今還掛在玄關處。

☎0761-76-0008
🏠加賀市山代温泉東山町4
🕘9:00～17:30 休不定休
🅿有 ‼JR加賀温泉站搭CAN
BUS 14分，山代温泉總湯下車
步行5分

充滿風情的和風休憩景點
はづちを楽堂
はづちをがくどう

位於山代温泉舊公共浴場對
面的開放式空間。設有咖啡
廳和藝廊，也能買到伴手
禮。紅豆湯圓、糰子等和風
甜點都很受好評。

草餅紅豆湯
650日圓

冰淇林紅豆湯圓
750日圓

在紅殼格子的小餐館享用午餐
べんがらや

以紅殼格子為明顯地標的藝
廊兼小餐館。午餐的「べん
がらや風おひつ膳」，主菜
可由明太子、梅、什錦等數
種類中挑選，份量也很有飽
足感。也可添加佐料做成茶
泡飯。

☎0761-76-4393
🏠加賀市山代温泉温泉通り59
🕘10:00～17:30 休週三
🅿有 ‼JR加賀温泉站搭CAN
BUS 14分，山代温泉總湯下車
步行5分

附設的藝廊內有販售年輕藝術家
的作品

別具韻味的紅殼格子建築
很吸引人目光

☎0761-77-8270
🏠加賀市山代温泉18-59-1
🕘9:30～18:00 休週三 🅿有
‼JR加賀温泉站搭CAN BUS 14
分，山代温泉總湯下車即到

新公共浴場的附近，還有已經修復完成的明治時代「舊公共浴場」。

優質的服務令人醉心
山代溫泉的旅館

加賀溫泉鄉最大的溫泉街，溫泉旅館的數量也相當多。
不僅要料理美味、還要有護膚療程和高級備品，
以及提供女性貼心服務都是挑選旅館時的關鍵。

柔和的桐木觸感打造出療癒空間

たちばな四季亭 たちばなしきてい

旅館內地板鋪設純桐木，可以赤腳感受天然木材的舒適質感和溫暖。上上代手繪的畫作和蒐羅的九谷燒花器、承襲150年傳統的款待服務等，感受得到山代的人文風情。此外，於2014年2月翻新的附景觀露天浴池premium和洋房「群青」和「弁柄」都頗受好評。除了使用提供舒適睡眠的席伊麗床墊之外，照明設計上也下了不少工夫，能好好體驗一段奢華時光。

1 附設景觀露天浴池的premium和洋房「弁柄」　2 散發老舖風格的玄關　3 premium和洋房的景觀露天浴池　4 透過以在地食材烹調的料理感受季節

欣賞庭園的同時，享受視野開闊的男性用庭園露天浴池「右近之湯」

☎050-3786-0099(界預約中心)
🏠加賀市山代溫泉18-47
🕐IN15:00 OUT12:00
🛏和室8、和洋室15 🅿有
🍴JR加賀溫泉站搭接駁巴士
MAP 107

費用專案

1泊2食
平日30390日圓～
假日前日39030日圓～

呈現優質寬敞的大廳空間

附景觀露天浴池的premium客房「群青」

享受房內奢華的露天浴池

在附設廚房的用餐環境專用大餐

女性用庭園露天浴池「左近之湯」

1 可在半包廂式空間內享用當月宴席的茶寮「烏月」　**2** 修繕完備、飄散木材香氣的客房　**3** 天然檜木香氣讓人心曠神怡的大浴場

以自然素材讓人感到療癒的悠閒旅館

葉渡莉 はとり

木材與和紙等，利用溫暖的自然素材打造的旅館。採桌席的餐廳於2014年5月開幕，可品嘗到現做的自選料理。也可享受館內2處大浴場和姊妹館的免費溫泉巡禮。

費用專案

1泊2食
平日15120日圓～、
假日前日23760日圓～、
「烏月」桌席專案（1泊2食）
平日15120日圓～、假日前日
23760日圓～

☎0761-77-8200
🏠加賀市山代溫泉溫泉通り17
🕐IN15:00 OUT11:00
🛏和室55、和洋室4 🅿有
🚌JR加賀溫泉站搭接駁巴士
10分
MAP 107

> **源起於一隻烏鴉？**
> **山代溫泉**
>
> 山代溫泉的起源，據說是因為有位和尚曾看到一隻受傷的烏鴉利用溫泉來治療傷口。

有美肌效果的頂級源泉流動式溫泉

あらや滔々庵 あらやとうとうあん

已傳承18代的老舖旅館，在山代溫泉中以水量最豐沛和泉質最優而自豪。能感受溫泉精髓的流動式源泉質地滑潤，泡湯後皮膚馬上就能變得光滑。料理方面，可品嘗老闆每天早上到橋立港採購的新鮮食材。

費用專案

1泊2食
平日30240日圓～
假日前日34560日圓～

這裡最推薦
・附露天浴池客房
平日43200日圓～
假日前日48600日圓～

☎0761-77-0010
🏠加賀市山代溫泉湯の曲輪
🕐IN14:00 OUT11:00 🛏和室
18 🅿有 🚌JR加賀溫泉站搭接
駁巴士10分 MAP 107

1 北大路魯山人和池波正太郎都曾留宿過的「御陣の間」　**2** 正如其名、溫泉滔滔不絕湧出的露天浴池　**3** 鋪著榻榻米的舒適大廳

利用旅館源泉自製的溫泉蛋也很好吃喔。旅館內就有販售，也可體驗親自動手煮溫泉蛋。

歡迎光臨北陸最古老的溫泉
粟津溫泉

擁有1300年綿長歷史的粟津溫泉，
所有的旅館都備有自家挖掘的源泉，能享受豐沛的溫泉水量。
不僅泡湯後肌膚會變得光滑，據說連飲用也有效果。

體驗傳統工藝

加賀傳統工藝村 湯之國之森 かがでんとうこうげいむらゆのくにのもり

可欣賞九谷燒、加賀友禪等50種以上傳統工藝的主題公園。移建自江戶、明治時代

豪華庄屋之館的建築，也相當有參觀價值。

☎0761-65-3456
🏠小松市粟津溫泉ナ-3-3
🕐9:00～16:30(黃金週・夏季期間～17:00)
㊡無休(有臨時公休) ¥540日圓 🅿有 ‼JR加賀溫泉站搭CAN BUS約35分，ゆのくにの森下車即到

約13萬坪的廣大占地

如山水畫般的名勝古剎

那谷寺 なたでら

717(養老元)年由泰澄大師開創。傳說中投胎時可洗淨罪惡、淨化靈魂，因此正殿設在被喻為母胎的岩窟

內。只要在岩窟內祈願，就能讓自己脫胎換骨、煥然一新。

☎0761-65-2111 🏠小松市那谷町ユ122
🕐8:30～16:45(12～2月8:45～16:30) ㊡無休
¥參拜費600日圓，特別參拜加200日圓 🅿有
‼JR加賀溫泉站搭CAN BUS 30分，山門前下車即到

利用自然地形、充滿野趣的庭園

紅葉季時會吸引許多遊客前來，相當熱鬧

或許能遇到新戀情！？

おっしょべ公園 おっしょべこうえん

公園還有個著名的傳說，即在町家旅館工作的下女阿末與竹松在歷經波折後終於有個圓滿

結局的愛情故事。據說只要敲響一聲園內的幸福鐘，就會有「新戀情誕生」。

☎0761-65-1834(粟津溫泉觀光協會) 🏠小松市粟津町ル
🕐可自由參觀 🅿有 ‼JR加賀溫泉站搭計程車20分

公園周邊還被認定為"戀人的聖地"

> **泡美肌之湯讓肌膚變光滑**
> 粟津溫泉自古以來就以「美肌之湯」而廣為人知，只要前往粟津溫泉公共浴場就能輕鬆體驗喔。

■木造建築十分顯眼
②據說有結緣、安產、求子之效的溫泉
③客房的位置都規劃在庭園四周

在自家源泉
感受光滑的美肌

旅亭懷石のとや
りょていかいせきのとや

從自家挖掘的源泉滾滾冒出的溫泉被譽為美肌之湯。還提供護膚療程、按摩浴池、附寢湯的女性大浴場、化妝間和美甲沙龍等深得女性歡心的服務。

☎0761-65-1711
⌂小松市粟津町ワ85
🕐IN15:00 OUT10:00 🛏和室57、洋室1、和洋室8 🅿有
🍴JR加賀溫泉站搭接駁巴士

■2010年才剛整修過的女性大浴場
②供應燒烤、蒸煮、生食料理的日本海活松葉蟹

費用專案
1泊2食
平日22680日圓～
假日前日27000日圓～

使用溫泉水的
護膚&精油療程很受歡迎

露天のゆ 金閣
ろてんのゆきんかく

使用溫泉水的護膚&精油療程廣受歡迎的旅館。壁面上有美麗仙女漫舞石彫的獨特風格室內浴池和露天浴池、足湯、指湯等都很受好評。

☎0761-65-3300
⌂小松市井口町へ14-1
🕐IN15:00 OUT10:00
🛏和室56、洋室2、和洋室2
🅿有
🍴JR加賀溫泉站搭接駁巴士

■可俯瞰日本庭園的露天浴池開放感十足
②玄關旁還有指湯和足湯

費用專案
1泊2食
平日13000日圓～
假日前日20000日圓～

傳承1300年
老舖旅館中的老舖

法師
ほうし

718（養老2）年創業、傳承已1300年之久的旅館。懷抱著一生僅一次相遇的款待之心，提供無微不至的服務。建築物為沉穩厚重的風格，如古寺般氛圍的庭園也相當值得參觀。

費用專案
1泊2食
平日12000日圓～
假日前日14000日圓～
這裡最推薦
·平日限定·免費使用大獲好評的新設包租浴池專案
9990日圓～（數量限定）

☎0761-65-1111
⌂小松市粟津町ワ46
🕐IN15:00 OUT11:00
🛏和室74 🅿有
🍴JR加賀溫泉站搭接駁巴士

不僅服務品質優，相較下價格實惠的旅館選擇性多也是魅力之一。

在湖畔旅館享受悠閒
片山津溫泉

隔著據說一天會變化7種顏色的柴山潟
可眺望靈峰白山夢幻景色的片山津溫泉。
為湖畔旅館林立、深具風情的溫泉街。

瞭解雪博士的研究軌跡
中谷宇吉郎雪科學館
なかやうきちろうゆきのかがくかん

展示世界首次成功做出人工
雪的結晶、片山津出身的科
學家・中谷宇吉郎研究成果
的科學館。從附設的咖啡廳
可一望柴山潟的景色。

還能體驗冰晶和冰璧子的實驗

☎0761-75-3323　♙加賀市潮津町イ106　🕘9:00～16:30　🈲週三
（逢假日則開館）　💴500日圓　🅿有　🚍JR加賀溫泉站搭CAN BUS
52分，中谷宇吉郎雪科學館下車即到

可享受兩種溫泉
片山津溫泉 公共浴場
かたやまづおんせんそうゆ

建築外觀幾乎都採玻璃帷
幕，從大浴場「潟の湯」能
眺望白山連峰，從「森の
湯」則可欣賞蔥蘢綠意的優
美景色。

設計出自世界級的建築師谷口吉生
之手

☎0761-74-0550　♙加賀市片山津溫泉乙65-2
🕘6:00～22:00　🈲無休　💴440日圓（12歲以上）　🅿有
🍴從JR加賀溫泉站車程10分

地產地銷的食材豐富多樣
ラ・ヴィーヴ

從契約農家進貨的蔬菜、當
地鮮魚的美味都廣受好評的
小餐館，道地的石窯披薩更
是招牌。可挑選義大利麵或
披薩的午餐很有人氣。

義大利麵午餐1404日圓

☎0761-74-8566　♙加賀市片山津溫泉丁12-1
🕘11:30～14:30、17:30～23:30　🈲週二　💴盤裝午餐1080日圓～
（僅平日）　🅿有　🍴JR加賀溫泉站搭車10分

漂浮在湖面上的弁天神
浮御堂 うきうきべんてん

漂浮在柴山潟湖面上的片山津地標，供奉著弁天神與
龍神。與湯之元公園以浮棧橋相連結，從棧橋可眺望
夕陽餘暉下的白山美景。

☎0761-74-1123（片山津溫泉觀光協會）　♙加賀市片山津溫泉

點燈後更顯得
羅曼蒂克

周邊圖 ◗P.99

首洗池　伊切町
源平町　⑮JA　　　　　　　　翠湖Ⓗ
　　　　篠原町　・片山津淨化中心　　　步行10分
源平町　潮津北　🅗中谷宇吉郎雪科學館
マ　潮津Ⓢ　・柴山潟湖畔公園
ル　　　　　　　　　　　　　　　　柴山潟
ハ　Ⓗ暫
潮津西　潮津　　Ⓗ加賀片山津溫泉 佳水郷
　　　　　　　　Ⓗ加賀八汐
Ⓣ潮津神社　　・公共浴場
　　　　・片山津西口
北陸古賀乃井Ⓗ　　Ⓗ浮御堂
南　　　　　　　　　Ⓗホテル森本
陽　花・彩朝楽　　　🏮片山津溫泉 公共浴場
園　片山津溫泉　新保町
　　　　　　　旅館服務中心　大江戸溫泉物語
片山津溫泉　片山津溫泉北　　ながやま
　　　　バス總站・🏪ポプラ
片山津溫泉南　卍成善寺
　　　　　　　加賀觀光旅館
Ⓡラ・ヴィーヴ　片山津郵局　KIRARA館・YURARA館
片山津溫泉口　　　　　　卍　・觀光協會
　　　片山津神社Ⓣ
　　　　　Ⓣ片山津町

享受展望視野絕佳的溫泉和絕品料理

加賀片山津溫泉 佳水鄉
かがかたやまづおんせんかすいきょう

不僅是大浴場「たまゆらの湯」，所有的溫泉設施區和客房均能覽湖景，可感受暢快的開放感。溫泉旅館的氛圍搭配西洋風格的設計空間，住起來相當舒適。

☎0761-74-1200
⌂加賀市潮津町イ72
🕐IN15:00 OUT10:00
🛏100 ℗有
🚶JR加賀溫泉站搭接駁巴士10分

1幾乎徹夜都開放入浴，能欣賞到從湖對岸的白山冉冉升起的日出
2客房樣式的選擇性多樣
3從咖啡廳可眺望日本三名山之一的白山美景

費用專案
1泊2食
13000日圓～

擁有多達22種的獨特浴池

加賀觀光旅館 KIRARA館·YURARA館
かがかんこうホテルきららかん・ゆららかん

以自然·健康·療癒為主題的夢湯公園「湯多風多」，每分鐘有55公升的湧出量、採男女輪替制，能享受按摩浴池、溫泉水柱等22種浴池的泡湯樂趣。

☎0761-74-1101
⌂加賀市片山津溫泉ウ41
🕐IN14:00 OUT10:00
🛏115 ℗有
🚶JR加賀溫泉站搭接駁巴士10分

1也有瓶浴池、燈塔浴池等獨特的溫泉設施
2所有客房均面向柴山潟

費用專案
1泊2食
29550日圓～
悠閒溫泉三昧專案
（YURARA館）
1泊2食12600日圓～

從湖畔的眺望視野獨一無二

ホテル森本
ホテルもりもと

將大浴場設計成入浴時的視線與湖面等高，所以會感覺柴山潟就近在眼前。備有多達30種燒酎的道地燒酎精品店，也很受到住宿客的歡迎。

☎0761-74-0660
⌂加賀市片山津溫泉乙63-1
🕐IN15:00 OUT 10:00
🛏和40
℗有
🚶JR加賀溫泉站有接送（需預約）

1堅持地產地銷的料理羅列
2可邊眺望柴山潟邊泡湯

費用專案
1泊2食
13800日圓～
假日前日15900日圓～
這裡最推薦
提供可挑選的彩色浴衣

中谷宇吉郎博士曾經說過「雪是上天捎來的信件」，聽起來好浪漫喔。

海和港口都近在咫尺
能登首屈一指的溫泉地，和倉溫泉

邊眺望能登‧內浦寧靜的海平面邊享受溫泉，
讓緊繃的身心一點一滴地紓解開來。
能品嘗七尾灣的新鮮海味也是和倉溫泉才有的享受。

挑戰煮溫泉蛋

湯元廣場 ゆもとのひろば

可帶著雞蛋到和倉溫泉的源泉口煮溫泉蛋。傳說因為看到白鷺鷥在海裡的湧口治療傷口才發現了和倉溫泉，所以置有2隻白鷺鷥的彫像。

白鷺鷥是和倉溫泉的象徵

廣場 ☎0767-62-1555(和倉溫泉觀光協會) ⌂七尾市和倉町 🅿無 ‼和倉溫泉巴士站下車步行3分

充滿超級甜點師傅感性魅力的藝術空間

辻口博啓美術館 LE MUSSE DE H
つじぐちひろのぶびじゅつかんルミュゼドゥアッシュ

美術館內展示著活躍於世界舞台的甜點師傅‧辻口博啟的拉糖工藝品(砂糖藝術作品)。在附設的咖啡廳，還可邊眺望海景邊細細品嘗使用當地食材的原創蛋糕。

美術館‧咖啡廳 ☎0767-62-4000
⌂七尾市和倉町ワ部65-1
🕐8:00～16:30(美術館)、9:00～18:30(咖啡廳‧パティスリーブティック) 困無休 🎫美術館門票免費 🅿有 ‼和倉溫泉巴士站下車步行4分

MUSEE 562日圓

水果塔 513日圓

能登牛奶布丁351日圓

能享受當地食材與季節美味的店

能登すしの庄 信寿し
のとすしのしょうのぶずし

供應能登新鮮當令食材的壽司店。555坪的占地內有個規劃完善的庭園，從所有的吧檯座都能眺望到美景。推薦菜為「極めの7貫」(附茶碗蒸等3道4968日圓)，能品嘗極致的好滋味。

採用能登近海的食材和能登米的つるぎ6貫2592日圓

可邊欣賞庭園邊悠閒用餐的吧檯座

壽司 ☎0767-62-2019 ⌂七尾市和倉町ひばり3-120 🕐11:00～14:00、17:00～23:00 困週三 🅿有 ‼和倉溫泉巴士站下車即到

周邊圖 ➡P.99

感受和風優雅的數寄屋樣式旅館

日本の宿 のと楽

にほんのやどのとらく

重視日本風格、數寄屋建築的典雅旅
館。木香濃郁的大浴場、能瞭望七尾
灣海景的景觀露天浴池等浴池種類也
很豐富。可盡情享受溫泉度假勝地的
樂趣。

☎0767-62-3131
⌂七尾市石崎町香島1-14
⏰IN13:00 OUT11:00 ▣和室82、洋室9、
洋室15 ℙ有 ‼JR和倉溫泉站搭接駁巴士3分

温泉／和倉溫泉

費用專案

1泊2食
平日12750日圓～
假日前日18000日圓～
還裡最推薦
·包租景觀露天浴池（付費）
·提供網路優惠價

❶擁有用岩石裝飾、開放感十足的野天浴池和大
浴場、空中露天浴池的辨天湯 ❷講究當令食材
的料理在視覺上也極具美感 ❸導入資生堂Qi全
身美容系列的Salon & SPA「氣」

❶沉穩和風氛圍的
入口 ❷能聞到木
香的露天浴池

聲名遠播、令人嚮往的旅館

加賀屋 かがや

連續30年旅行業界選為日本第一的
旅館。在空中露天浴池、寬敞的大浴
場盡情體驗溫泉後，還可到Salon &
SPA「氣」嘗試極致的放鬆享受。

☎0767-62-4111（預約中心）⌂七尾市和
倉町ヨ部80 ⏰IN15:00 OUT11:00
▣和室232 ℙ有 ‼JR和倉溫泉站搭接駁
巴士5分

費用專案

1泊2食
平日35250日圓～
假日前日38490日圓～
女性4名1室專案
1泊2食
平日30390日圓
附原創蛋糕

只要巡覽和倉溫泉街上各處的七福神，就能得到旅館贈送的禮物喔。

金澤&周邊地區的 祭典&活動一覽

以華麗的百萬石遊行為焦點的「金澤百萬石祭」為首，
還有夏天的能登切子燈籠祭和承襲自古以來的傳統祭典等，
金澤與周邊地區有許多精彩的祭典&活動。

金澤百萬石祭

為了宣揚加賀藩祖前田利家的豐功偉業，在金澤市所舉辦的盛大祭典。每年會由知名的演員扮演前田利家並穿上鎧甲，當繞行市中心「百萬通」的遊行隊伍要進入金澤城時的「百萬石遊行」是整個活動的最大重頭戲。

宇出津火祭

為能登代表性的切子燈籠祭之一。屆時會有約40座的切子燈籠（架在竹竿上的巨大燈籠）在町內遊行，最後再將神轎丟入海、河、火中祭祀大海的壯觀祭典。

金澤美食推廣盛會

有螃蟹鍋、碳烤海鮮等分區，可在戶外享受日本海冬日美味的「金澤美食推廣盛會」，還會舉辦聚集各界名人對談交流的「食談」等，活動眾多。

青柏祭

仿北前船的造型，高12m、重20t、車輪直徑達2m的日本規模最大曳山車，會在鎮上繞行。

月	日期	活動	地點
1月	5日以後的第1週日	**金澤市消防出初式**	金澤城公園新丸廣場
2月	月上～下旬	**金澤美食推廣盛會**	金澤市內各處
5月	3～5日	**青柏祭**	七尾市
	3～5日	**九谷茶碗祭**	能美市
	19～21日	**三國祭**	福井縣坂井市
6月	第1週五・六・日	**金澤百萬石祭**	金澤市
	下旬	**開啟湯涌溫泉冰室**	湯涌溫泉
7月	第1個週五・六	**宇出津火祭**	能登町宇出津
	最終週六	**能登島向田火祭**	七尾市
8月	22日～25日	**輪島大祭**	輪島市
11月	1日～12月中旬	**兼六園雪吊作業**	金澤市

從金澤 再稍微走遠一些

能登半島充滿豐饒大自然的質樸景色，
福井・東尋坊波濤洶湧的斷崖峭壁，
五箇山・白川 名列世界遺產的日本原始風景。
從金澤再走遠 些
前往景點眾多的北陸地區。
出發尋找有別於金澤的魅力景點吧。

要去哪兒呢？

從金澤再走遠一點，將北陸玩得更徹底些！
保留自然樣貌的能登、世界遺產五箇山・白川鄉、
可近距離欣賞日本數一數二奇景的東尋坊所在的福井地區也很不錯。

多留宿一天
想悠閒享受大自然的你

往能登…。

從沿著海岸線的能登道路展開兜風之旅，
一路欣賞被日本海的洶湧海浪削鑿而成
的壯闊海岸線景色。

感受湛藍清澈的
天空和大海
能登半島
兜風　📖P.120

從內灘IC開上能登里山海道。
租車情報📖P.14

藍色大海與綠油油的白米千枚田
形成美麗的對比

奧能登的當地物產齊備
人情味濃厚
輪島朝市　📖P.122
わじまあさいち

☎0768-22-7653
（輪島市朝市協會）
🍴從金澤走能登里山海道到終點
／往能登機場IC前進。之後走縣
道往輪島方向車程15km

與當地大嬸的討價還價過程也是
朝市的一大樂趣

雖然時間不太夠
但還想再多玩一些地方的你

往福井…。

從金澤搭北陸本線往福井方向。
看過東尋坊奇岩怪石的壯觀景色後，
再到能沉澱心靈的禪宗名剎・永平寺。

斷崖絕壁相連的
日本海奇景
東尋坊　📖P.126
とうじんぼう

☎0776-82-5515
（阪井市三國觀光協會）
🍴JR金澤站搭北陸本線特急35
分，蘆原溫泉站下車，轉搭京福
巴士往東尋坊方向40分，東尋坊
下車

險峻的地形讓人不禁怯步起來

聞名全國的
禪宗修行道場
永平寺　📖P.128
えいへいじ

☎0776-63-3102
（大本山永平寺總接待處）
🍴JR金澤站搭北陸本線特急56
分，福井站下車，轉乘越前鐵
道前往永平寺線22分，永平寺
口站下車，轉搭京福巴士永平
寺線13分，終點下車即到

莊嚴肅穆的法堂

也有輕鬆的觀光巴士之旅。

能登地區要搭鐵道或路線巴士並不太方便。對「沒有駕照」「開
車太累了～」這樣的人來說最適合的就是搭觀光巴士。涵蓋精選
景點的參觀路線和大概的所需時間都已經規劃好了，所以能夠有
效率地進行觀光。

わじま號（附餐）　🎫金澤上車7410日圓、輪島上車5350日圓
繞行遊覽輪島朝市、輪島漆器會館、總持寺祖院、嚴門和千里濱渚
海濱公路等眾多景點的路線。

あさいち號（附餐）　🎫和倉溫泉上車6480日圓、輪島上車5350日圓　和
倉溫泉出發，繞行輪島漆器會館、千里濱渚海濱公路等景點的路線
ちりはま號（附餐）　🎫4730日圓　從和倉溫泉發車，繞行道の駅とぎ海街
道、嚴門、氣多大社、千里濱渚海濱公路的路線
のとフライト號　🎫3390日圓　從和倉溫泉發車，繞行輪島朝市、見附
島、珠洲燒資料館、切子燈籠會館等的路線（可於能登機場下車）
※巴士每天行駛・預約制
洽詢處：北陸鐵道預約中心（☎076-234-0123）

波浪花是？

當海象洶湧時，大浪打在峭壁上激起如肥皂泡沫般的奇妙現象。為寒冬時期的常見景觀，以輪島市的曾曾木海岸最為著名。☞P.123

輪島・
能登半島
能登 ⊕ 能登里山
穴水站

和倉
和倉溫泉站

日本海

富山灣
富山

北陸新幹線
（2015年3月通車）

金澤站
金澤

石川縣
小松 ⊕

五箇山
白川鄉

富山縣

加賀溫泉站
加賀溫泉鄉

東尋坊・

白山

高山站

岐阜縣

福井站・永平寺

稍微走遠一些／要去哪兒呢？

想要穿越時空感受幽靜日本原始風景的你

往五箇山＆白川鄉…。

☞P.132

從東海北陸自動車道稍微往前開，就能遇見彷彿傳說故事中、讓人懷念的日本原始風景。

已有400年歷史獨具風格的民俗資料館 國家指定重要文化財
村上家 ☞P.132
むらかみけ

☎0763-66-2711
🚗東海北陸自動車道五箇山IC車程7分

巨大的茅草屋頂為顯著地標

眼前是一片民間故事般的世界

**白川鄉
合掌屋聚落** ☞P.133
しらかわごうがっしょうづくりしゅうらく

☎05769-6-1013（白川鄉觀光協會，9:00～17:00電話受理）
🚗東海北陸自動車道白川鄉IC車程8分

被大自然環抱的合掌屋聚落

若從東京過來也可搭飛機到能登機場。

119

令人心曠神怡
的海濱兜風

要前往能登的話最好在和倉溫泉或輪島住上一晚，
但若時間不夠的人，則推薦沿著外浦海岸遊逛。
能欣賞到因日本海的洶湧海浪侵蝕而成的奇景。

暢快的海岸線兜風之旅

千里濱渚
海濱公路
‖羽咋‖ちりはまなぎさドライブウェイ

長達8km、車輛可通行的沙灘海濱道路。
夏天擠滿了海水浴的遊客，可在並排的海
濱茶屋大啖熱騰騰的烤蛤蜊和名產白貝。
也是擁有浪漫夕陽美景的人氣約會景點。

兜風 **☎**0767-22-1118（羽咋市商工觀光
課）**‼**能登里山海道今濱IC下車即到

能駕車奔馳在海岸線的地方全日本僅此一處

在秋天到冬天期間所舉辦的「田埂瑠璨」
活動中，會妝點上約20000個燈飾

水田交織而成的幾何學圖案

輪島・白米千枚田 ‖輪島‖わじま・しろよねせんまいだ

1004塊的小梯田就在平緩的斜面上以幾何學圖案
一路綿延到海岸邊。春天到夏天期間沉入海面的
夕陽餘暉會灑落在梯田上，到了秋天則是一整片
的金黃色稻穗、美得動人。

梯田 **☎**0768-23-1146（輪島市觀光課）**⌂**輪島市白米
町 **P**有 **‼**能登機場車程40分

1塊水田的平均面積只有3張榻榻米大

供奉結緣之神的神社

氣多大社 ‖羽咋‖けたたいしゃ

擁有2100年歷史的能登第一宮社。
內部祭祀著結緣之神，在女孩子間
很有人氣。還能在可愛的心型繪馬
寫下願望。

神社 **☎**0767-22-0602
⌂羽咋市寺家町ク1 **⌚**8:30〜16:30
困無休 **P**有
‼能登里山海道今濱IC車程5分

↓氣多大社的戀愛
籤抽1次200日圓

↓正殿、拜殿為重要文化財。沒有開放的森林
則列入天然記念物，同時也是能量景點

車程30分

日本海

輪島溫泉 八汐 **H**
輪島朝市

能登里山機場 **+**

能登機場
能越自動車道

○ヤセの斷崖　穴水站

別所岳SA　七尾灣

Rてらおか風舍 富來本店

和倉

○巖門

和倉溫泉站

高田

七尾站

高澤ろうそく店
P.124

氣多大社 **○**

千里濱渚
海濱公路　今濱

金澤市區 ▼　　金澤站

觸倉島

へく島

能登半山

西山

柳田

氷見北

氷見

P.123 祿剛埼燈塔

曾曾木海岸 P.123

日本酪酥化成
株式会社 P.86

泉谷 P.125

輪島·白米千枚田

奧能登丘陵

珠洲道路

能登ワイン
株式会社 P.126

能登島

七尾城山

七尾大田
灘浦

冰見站

從遊覽船眺望的視野絕佳♪

巖門有遊覽船運行（4月～11月中旬）。船還會
開進巖門的洞崖內，十分壯觀。
¥13歲以上1000日圓、6～12歲500日圓

邊感受潮水的氣味邊走在觀光步道上

由浪濤侵蝕成的奇岩藝術品

巖門 ‖志賀‖がんもん

日本海的洶湧浪濤削鑿出的巨大洞窟，冬天
還能欣賞到「波浪花」。是一處可讓人實際
感受大自然力量的風景勝地。從遊覽船上的
觀賞則是另一幅絕景。

洞窟 ☎0767-32-1111(志賀町商工觀光課)
↑志賀町富來牛下
‼能登里山海道西山IC車程20分

稍微走遠一些／海濱兜風

 享用午餐

鵝肝醬牛排（腓力200g）7560日圓，
彷彿快要融化在滿滿的肉汁裡了

享用能登牛排的奢侈午餐

てらおか風舍 富来本店
‖志賀‖てらおかふうしゃとぎほんてん

於增穗浦海岸邊的肉料理專賣店，能品
嘗到最高級的能登牛。除了牛排、涮涮
鍋、壽喜燒外，能登牛漢堡當午餐1296
日圓（僅平日）也很有人氣。

餐飲店 ☎0767-42-2941 ↑志賀町富來領家町イの30 ◐11:00～15:00、17:00～21:00
困週二 Ｐ有 ‼能登里山海道西山IC車程25分

任誰都會怯步的斷崖絕壁

松本清張『零的焦點』的故事舞臺

ヤセの斷崖 ‖志賀‖ヤセのだんがい

面日本海、高約35m的斷崖絕壁，因推理作
家·松本清張的作品『零的焦點』而聲名大
噪。近在咫尺的大海、湛藍的天空和強勁的
海風，好一幅震攝人心的美景。

斷崖 ☎0767-32-1111(志賀町商工觀光課)
↑志賀町笹波地內
‼能登里山海道西山IC車程40分

1 可遠眺輪島港的男
女輪替制大浴場
2 客房的配置都以能
眺望袖濱海岸和輪島
港為規劃設計

夕陽映照的旅館

輪島溫泉 八汐
‖輪島‖わじまおんせんやしお

可一望袖濱海岸和輪島港的溫泉旅館。夕陽
西下時染成的一片紅霞以及夜間點燈裝飾的
輪島港、漁火等詩情畫意的美景，都能從客
房欣賞得到。

旅館 ☎0768-22-0600 ↑輪島市
鳳至町袖ヶ浜1 ¥1泊2食16950日
圓 ◐IN15:00 OUT10:00 圖39
Ｐ有 ‼從ふらっと訪夢有接送
(15:00以後，需連絡)

行駛在千里濱時沿著車輪
的痕跡開會比較好走喔。

要跟哪位大嬸買好呢？
輪島朝市

擁有奧能登的豐饒大自然以及輪島塗傳統工藝興盛的城市·輪島。
前往朝市和當地人聊天交流、享受購物之樂，
或是體驗輪島塗的魅力、欣賞大自然的壯闊美景。

每家店的味道都會有些許差異的鹽辛墨魚

輪島的鮑魚是超高級品

能登名產「魚汁」

農家大嬸的手作民藝品

元氣十足的大嬸們

有很多東西慢慢看喲～

現撈的新鮮魚貨

能登的特產&珍品大集合
輪島朝市
わじまあさいち

來自縣內外眾多觀光客造訪的日本三大朝市之一。鋪設完善的石板路上兩旁攤販並排，販售著奧能登的新鮮魚貨、珍味、點心和工藝品等各式各樣的商品。叫賣的大嬸們都很有個性，在聊天的過程中就會不知不覺地買個不停。

[市場] ☎0768-22-7653（輪島市朝市協會）
🕐8:00～12:00 休第2·4週三 P有 ‼ふらっと訪夢步行15分

9分之1大的無敵鐵金剛也不容錯過

在這裡小歇片刻

陶醉在永井的世界
永井豪記念館 ながいごうきねんかん

展示輪島市出身的漫畫家永井豪多樣化的作品、創作歷程及珍貴的原畫等。

☎0768-23-0715
🏠輪島市河井町1-123 🕐8:30～17:00
休無休（換展期間休）
¥510日圓 P無
‼ふらっと訪夢步行10分

輪島觀光搭「のらんけバス」就很方便

方便使用的輪島觀光小巴「のらんけ」，會定期在市內循環行駛。1次100日圓，可輕鬆搭乘。
洽詢處　北鐵奧能登巴士
☎0768-22-2311

稍微走遠一些

「波浪花」綻放的日本海奇景

曾曾木海岸
そそぎかいがん

窗岩是洶湧海岸線綿延的曾曾木海岸的象徵，原本一大片平坦的岩石因受到海水侵蝕被削鑿出一個直徑2m的大洞。

傳說是被源義經的箭射穿的洞

海岸 ☎0768-22-6588（輪島市觀光協會）🏠輪島市町野町曾々木 ‼距能登機場車程50分 **MAP** 121

自明治時代以來持續照亮著遠方的海域

祿剛埼燈塔
ろっこうざきとうだい

1883（明治16）年由外國技師設計建造的石造燈塔，如今仍守護著海上的安全。

趁天氣有時還能遠眺到佐渡

燈塔 ☎0768-82-7776（珠洲市觀光交流課）🏠珠洲市狼煙町 ‼距能登機場車程1小時 **MAP** 121

稍微走遠一些／輪島朝市

購物後泡個足湯休息一下

足湯 湯樂里
あしゆゆらり

位於輪一通盡頭處的足湯，由於是免費的所以可隨意使用。對手腳冰冷症有治療效果。

座席的塗漆是由輪島工房長屋所製作

足湯 ☎0768-23-1146（輪島市觀光課）🏠輪島市河井町4部169-1 🕐6:00～22:00 休週四16:00～18:00因清掃中不可使用 ¥免費 P有 ‼ふらっと訪夢步行10分

參觀輪島塗的製作工坊

輪島工房長屋
わじまこうぼうながや

輪島塗製作工坊比鄰而立的長屋樣式設施。還提供戧金、製作隨身筷等的體驗。

充滿懷舊風情的一隅

工房 ☎0768-23-0011 🏠輪島市河井町4-66-1 🕐9:00～17:00（5～8月～18:00）休週三 ¥製作隨身筷1500日圓～、戧金體驗2500日圓 P利用朝市停車場9號門 ‼ふらっと訪夢步行10分

世界唯一的漆藝專門美術館

石川縣輪島漆藝美術館
いしかわけんわじましつげいびじゅつかん

漆藝專門的美術館。館內展示輪島塗的優秀作品，以及完整收藏從人間國寶到年輕新銳藝術家的傑作。

展示著為數眾多的漆藝作品

美術館 ☎0768-22-9788 🏠輪島市水守町四十苅11 🕐9:00～17:00 休換展期間 ¥620日圓 P有 ‼漆芸美術館巴士站下車即到

雖然沒有什麼名氣，但其實輪島的松葉蟹口感鮮甜，相當好吃呢。

在能登發現的
優質伴手禮、好吃的食物

能登的伴手禮，盡是些能反映出土地溫暖、質地樸實溫和的東西。
就從餐具、飾品、珍味、和菓子等選項中，
挑選各具魅力的商品買回家吧。

販售和風時尚的輪島塗

一般多給人器皿印象的輪島塗，其實鍊墜、手環等飾品類的商品也很受歡迎。漆面的優雅光澤能在搭配上有畫龍點睛之效。

塩安漆器工房譪庵aian ‖輪島‖
しおやすしっきこうぼうアイアン
☎0768-22-5227 ⚲輪島市河井町馬場崎通り3-198 ⏰10:00~21:00
㊡不定休（2月有長期公休） Ⓟ無
‼ふらっと訪夢步行3分 MAP 123

鍊墜 7560日圓、手環 各21600日圓

漂亮的和風吊飾

色彩鮮豔、設計獨特的輪島塗吊飾樣式豐富，也很適合當成伴手禮。

阪本漆器店朝市店 ‖輪島‖
さかもとしっきてんあさいちてん
☎0768-23-0025
⚲輪島市河井町2-11 ⏰8:00~12:00左右（6~9月7:00~12:00左右）
㊡第2.4週三 Ⓟ利用朝市停車場
‼ふらっと訪夢步行12分 MAP 123

手機吊飾 540~3240日圓

印上可愛花樣的蠟燭

承襲江戶時代以來古老製法的和蠟燭，花樣則是由職人一根根精心手工描繪而成。

高澤ろうそく店 ‖七尾‖
たかざわろうそくてん

☎0767-53-0406 ⚲七尾市一本杉町11 ⏰9:00~19:00
㊡第3週二 Ⓟ有 ‼JR七尾站步行5分 MAP 120

花繪和蠟燭 864日圓~

這裡也買得到
浅の川吉久P.83

品嘗講究的「能登蓋飯」

「能登蓋飯」是堅持只使用能登產的食材與容器並經過認證的蓋飯。能登牛的牛排蓋飯、能登牡蠣的雞蛋蓋飯等，在每家店都能享用充滿個性的能登好滋味。

以能登葡萄釀造的道地葡萄酒

僅使用能登採收的葡萄，不經過加熱殺菌過程的牛葡萄酒。香氣芳醇，散發出優雅的品味和格調。

能登ワイン ヤマソーヴィニヨン
1566日圓

能登ワイン株式会社 ‖穴水‖
のとワインかぶしきがいしゃ
☎0768-58-1577 ⚲穴水町旭ヶ丘り5-1
🕘9:00～17:00 ㊡無休 Ｐ有
‼能登里山海道穴水IC車程15分 MAP121

> 這裡也買得到
> 香林坊大和P.63

日本三大珍味之一

將海參的卵巢疊放後日曬製成，是很受歡迎的下酒菜。為生產量極少的稀有珍品。

干くちこ 迷你8片裝2100日圓

なまこや ‖七尾‖
☎0767-62-4468 ⚲七尾市石崎町香島1-22 🕘8:00～18:00 ㊡無休 Ｐ有 ‼JR和倉温泉站步行10分 MAP114

> 這裡也買得到
> 石丸食品（近江町市場内）
> なまこや食祭市場店

柚子香氣清新爽口的和菓子

將柚子果肉掏空、塞入麻糬的和菓子，吃的時候口中會有清爽的柚香。雖然是和菓子，卻很適合搭配洋酒享用。

丸柚餅子1個
1620日圓～

柚餅子総本家中浦屋 ‖輪島‖
ゆべしそうほんけなかうらや
☎0768-22-0131 ⚲輪島市河井町わいち4-97
🕘8:00～17:00 ㊡無休 Ｐ有
‼ふらっと訪夢步行10分 MAP123

> 這裡也買得到
> 石川縣觀光物產館P.43
> 金澤百番街あんとP.59

口感鬆軟甜味溫和的地瓜點心

肉桂的香味與白豆沙內餡，搭配得恰到好處。溫和的口感讓人忍不住一口接一口。

いも菓子
1個108日圓

泉谷 ‖珠洲‖
いずみや
☎0768-82-2114
⚲珠洲市飯田町15-11
🕘8:00～18:30
㊡週四 Ｐ有
‼能登飯田下車即到
MAP121

> 這裡也買得到
> 金澤百番街あんと
> P.59

也可以在能登機場一次購齊所有的伴手禮喔。

稍微走遠一些／能登伴手禮

絕景當前的東尋坊
還有美味的越前蟹⋯

在日本海眾多絕景中最壯觀的東尋坊。
看到正拍打上岸的浪濤，也會不禁往後退一步。
飽覽過壯麗景觀後，還可前往三國市區散步逛逛。

整個繞上一圈

90分

近距離參觀過峭壁後，再爬上
東尋坊塔居高臨下俯瞰絕景。
也很推薦搭遊覽船觀光。回程
前還可到伴手禮店林立的街上
物色新鮮的海產。

建議出遊的時段

日本海驚濤駭浪侵蝕而成的
斷崖絕壁風景勝地

東尋坊 とうじんぼう

最高達25m的斷崖絕壁綿延了將近
1km長，為日本海側最大的絕景勝
地。從斷崖上俯瞰大海，當浪濤拍打
上岸時的震懾力會讓人不禁怯步。

☎0776-82-5515（阪井市三國觀光協會）
⛩福井県坂井市三国町東尋坊
Ⓟ有 🚌三國站搭京福巴士往東尋坊方向9
分，東尋坊下車即到

1 地質學上罕見的柱狀節
理岩壁，已列為國家天然
紀念物
2 受波浪侵蝕而成的複雜
地形
3 也有遊覽船航行
4 從下方仰望峭壁也很壯
觀

周邊圖◉P.99

車程3分

P.131 スターフーズ越前三國湊屋 Ⓢ

聚集當地人信仰的神秘之島

雄島 おしま

漂浮在東尋坊前方、周長約2km的神秘島嶼。漫步在朱漆大橋上就彷彿行走在海面上般，感覺相當舒暢。也很推薦在大白然環繞下的觀光步道恣意漫步。

☎0776-82-5515(阪井市三國觀光協會)
⌂福井縣坂井市三國町安島 Ｐ有
‼三國站搭京福巴士往東尋坊方向15分，安島下車步行10分

三國觀光的情報發信地

三國湊座 みくにみなとざ

身兼三國町的觀光服務處、特產品店、餐飲‧甜品店於一身的方便設施。取代酸黃瓜放入三國特產蕗蕎的著名「三國漢堡」，絕不可錯過。

以福井產牛肉和當地食材製作的「三國漢堡」580日圓

☎0776-81-3921 ⌂福井縣坂井市三國町北本町4-6-48
🕙10:00～17:00 休週三 Ｐ有 ‼三國站步行5分

欣賞海景的同時來趟文學散步

荒磯遊步道 ありそゆうほどう

從東尋坊附近延伸至雄島、沿著斷崖約4km長的觀光步道，能欣賞到各式各樣的奇岩怪石、海岸侵蝕等景觀。沿路上還立有三好達治、高濱虛子等人的文學碑。

☎0776-82-5515(阪井市三國觀光協會)
⌂福井縣坂井市三國町東尋坊 Ｐ有
‼三國站搭京福巴士往東尋坊方向7分，遊步道入口下車即到

只精挑細選
頂極的越前蟹

三國溫泉 荒磯亭 みくにおんせんありそてい

連螃蟹的棲息場所都很講究、只提供嚴選優質越前蟹的溫泉旅館。還有自豪的地理位置，可一望東尋坊和沉入日本海的夕陽美景。

☎0776-82-8080
⌂福井縣坂井市三國町米ヶ脇4-4-34 ¥1泊2食18510日圓～
🕙IN13:00 OUT11:00 圖和室15間 Ｐ有
‼三國港站下車步行15分

地瓜霜淇淋250日圓

在散步途中享用地瓜霜淇淋

たけだ亭 たけだてい

地瓜的甜味與奶油相融合、口感溫和的霜淇淋，還有桃子、摩卡咖啡等口味。

☎0776-81-2907 ⌂福井縣坂井市三國町東尋坊 🕙8:00～17:00 休不定休 Ｐ有 ‼三國站搭京福巴士往東尋坊方向9分，東尋坊下車即到

螃蟹料理39030日圓～(全餐料理)
從露天浴池可一望美麗的日本海

若要留宿，附近也有「蘆原溫泉」和「三國溫泉」等優質的溫泉地喔。

不禁令人屏息的
禪宗名剎永平寺

最適合禪修的深山幽谷之地‧永平寺。
在寧靜的神聖氛圍和清新的空氣環繞下，
彷彿身心都得到了淨化洗滌一般。

整個線上一圈
120分

12
9 ── 15
16:30
建議出遊的時段

寺院周邊餐飲店和土產店林
立，相當熱鬧。還能吃到芝
麻豆腐、永平寺蕎麥麵。參
拜的時候會有雲水僧說明參
拜的注意事項，請仔細聆聽
並遵守禮儀。

坐擁寂靜深山幽谷的修行道場的修行道場

永平寺 えいへいじ

為1244（寬元2）年由道元
禪師開基的曹洞宗總寺。
100萬坪的境內被蔥蘢綠意
和寧靜清寂所環繞，營造出
莊嚴肅穆的氛圍。以山門、
佛殿、法堂、僧堂等「七堂
伽藍」為主，70餘棟的建築

均以迴廊相互連結。長達
760年間都是做為出家參禪
的嚴峻修行道場，如今還有
約200名的修行僧在此地精
進修行，能感受到緊張肅穆
的氛圍。

寺院 ☎0776-63-3102（大本山
永平寺總接待處）介福井縣永
平寺町志比5-15 ④4:00～17:00
（冬天5:30～16:30）困無休
¥500日圓 P有 ‼越前鐵道永
平寺口站搭京福巴士永平寺線
20分，終點下車即到

1 境內瀰漫著莊嚴的空氣
2 山門是永平寺最古老的建築
3 傘松閣內描繪著花鳥圖的美
麗天花板
4 供奉永平寺的本尊，釋迦牟
尼佛的佛殿
5 法堂相當於一般寺院的本堂，
是舉行說法、法會等儀式的場所

何謂七堂伽藍

七堂伽藍指的是山門、佛殿、大庫院、法堂、僧堂、浴室、東司（廁所）等7棟建築，為修行道場的中心，並由迴廊相互連結。像永平寺這樣保留完整型態的寺院在日本也屬罕見。

可加多種佐料一起品嘗

永平寺そば亭一休・アトリエ菓修

えいへいじそばていいっきゅう・アトリエかしゅう

加入研磨芝麻、白蘿蔔泥、青蔥等各式各樣的佐料後再享用，清爽的佐料和蕎麥麵的風味，特製醬汁都相當古味。1F還有蘋果派專賣店。

嚼勁十足為特徵的永平寺蕎麥麵1700日圓

蕎麥麵 ☎0776-63-3433 ☖福井縣永平寺町志比28-9-2 🕘9:30～17:30 🚫無休 🅿有 🍴越前鐵道永平寺口站搭京福巴士永平寺線20分，永平寺下車即到

永平寺門前町

↖荒谷　　　Ħ秋葉權現堂
⑤団助　ⓝ永平寺そば亭一休・アトリエ菓修
↗永平寺　　　永平寺郵局
Ⓡ観光センター井の上
永　　　　山侊Ⓒ　↑永平寺門前
平　　　　　　永平寺門前
寺　　　　　　步行5分
　　　　　　　步行5分

能一窺禪宗世界的參籠體驗

可一探雲水僧修行生活的參籠體驗（留宿寺院）。從起床到用餐、就寢為止的一切生活都必須在嚴峻的修行中進行，因此請勿抱著好玩的心態參加。也可只參加寫經、坐禪、說法的體驗。

參籠費用（2天1夜）8000日圓、坐禪500日圓、寫經1000日圓，需2週前預約。

永平寺御用的芝麻豆腐

団助 だんすけ

白芝麻豆腐580日圓～

是負責供應給永平寺的店家。將上等芝麻和葛粉攪拌而成的芝麻豆腐，滑順的口感和撲鼻的芝麻香讓人回味無窮。

伴手禮 ☎0776-63-3020 ☖福井縣永平寺町荒谷24-8 🕘8:00～17:00 🚫無休（冬天不定休）🅿有 🍴越前鐵道永平寺口站搭京福巴士永平寺線20分，団助本店前下車即到

門前町的名產糰子店

山侊 さんこう

香氣四溢的「開運糰子」各300日圓

以炭火燒烤、沾上特製味噌醬油調味的「開運糰子」為當地名產，濃郁的香氣讓人食指大動。

甜品 ☎0776-63-3350 ☖福井縣永平寺町志比5-10-1 🕘9:00～16:00 🚫不定休 🍴越前鐵道永平寺口站搭京福巴士永平寺線20分，終點下車即到

可代替消災除厄的「替身大師」1080日圓（於山侊販售）

禪宗的修行僧稱為雲水，聽說每天都要進行嚴峻的修行。

不只有螃蟹而已
福井的美食大集合

福井有根深蒂固的獨特飲食文化。
最具代表的就是越前蟹,還有醬汁炸豬排蓋飯、越前蕎麥麵等等。
只要多嘗試探索,就能發現各式各樣的美味食物。

越前蘿蔔泥蕎麥麵

**將加入大量蘿蔔泥的高湯
與蕎麥麵充分攪拌後享用**

在福井若提到蕎麥麵,指的就是將加了蘿蔔泥的高湯、淋在冰鎮後讓
口感變得緊實的蕎麥麵中享用的「蘿蔔泥蕎麥麵」。白蘿蔔的辣味與
清爽的口感正是越前蕎麥麵的美味之處。

越前そば 見吉屋 ‖福井‖
えちぜんそばみよしや

☎0776-23-3448
🏠福井県福井市順化1-11-3
🕐11:00～21:00
㊡週日 Ⓟ有
‼JR福井站西口步行5分

創業80年的老舖,能品嘗用石臼研磨
的蕎麥粉做成的手打蕎麥麵。「岩海
苔蘿蔔泥蕎麥麵」也很有人氣

蘿蔔泥蕎麥麵 540日圓

醬汁炸豬排蓋飯

**現炸的豬排與伍斯塔醬、
米飯的組合簡直是絕配**

現炸的豬排加上以伍斯塔醬為基底的醬汁、
熱騰騰的米飯,就成了最對味的「醬汁炸豬
排蓋飯」。福井市的「ヨーロッパ軒 本
店」為創始店,如今在福井只要提到炸豬排
蓋飯指的就是這道醬汁炸豬排蓋飯。

ヨーロッパ軒総本店 ‖福井‖
ヨーロッパけんそうほんてん

☎0776-21-4681 🏠福井県福井市順化1-7-4
🕐11:00～20:00 ㊡週二 Ⓟ無 ‼JR福井站步行
10分

炸豬排蓋飯 880日圓

福井的醬汁炸豬排蓋飯創始店。擁有
100多年的歷史,來自縣外的客人也很
多。有販售伴手禮用的醬汁

也可以在福井站一次買齊

與福井站直接相連的「PRISM FUKUI」，能買到所有福井代表性的伴手禮。也設有餐廳和超商，所以相當方便。
洽詢處 ☎0776-27-1222

周邊圖◐P.99

周邊圖◐P.99

元祖 烤鯖魚壽司

由濱燒鯖魚衍生的一大名物

因飛機餐大獲好評後才流行起來的烤鯖魚壽司。用直火慢慢燒烤的鮮嫩多汁烤鯖魚，和醋飯搭配在一起的口感超棒。

越前三國湊名產 元祖 烤鯖魚壽司1242日圓

スターフーズ越前三國湊屋 ‖坂井‖

スターフーズえちぜんみくにみなとや

☎0776-82-7607
⌂福井県坂井市三国町楽円58-11-11 ⊕9:00〜18:00 困週三
Ⓟ有 ‼北陸自動車道丸岡IC車程20分 MAP 126

蟹肉飯

以蟹黃和蟹青炊煮而成的極品鐵道便當

將珍味勢子蟹的蟹黃·蟹膏拌開後與生米一起烹煮，再將紅松葉蟹的碎蟹肉和松葉蟹的蟹腳肉平鋪在飯上。另外，還附上甘醋醃嫩薑當小菜。

越前蟹肉飯
1150日圓

番匠本店 ‖福井‖

ばんじょうほんてん

☎0776-57-0849
⌂福井県福井市中央1-1-1 JR福井車站站內·上り線ホーム店 ⊕6:30〜20:00
困無休 Ⓟ無 ‼JR福井車站站內

胡桃羽二重餅

羽二重餅中加入和胡桃畫龍點睛

先在羽二重餅內加入熬煮成甜味的和胡桃，接著分別於上中下夾三層泡芙麵糊，就成了一道容易入口的改良式美味甜點。

胡桃羽二重餅
1個110日圓

這裡也買得到
PRISM FUKUI

金花堂はや川 ‖勝山‖

きんかどうはやかわ

☎0779-88-4744 ⌂福井県勝山市旭町1-400-2
⊕9:00〜18:30 困週二 Ⓟ有
‼越前鐵道勝山站搭計程車10分

水羊羹

在冬天享用是福井的常識

在福井一到冬天就要吃水羊羹。柔軟、濕潤的口感為其特徵，由於完全不使用任何添加物，所以是溫度較低的冬天的限定商品。

水羊羹1盒670日圓
(11〜3月限定販售)

這裡也買得到
PRISM FUKUI

えがわ ‖福井‖

☎0776-22-4952 ⌂福井県福井市照手3-6-14
⊕8:00〜20:00 困週三(11〜3月無休)
Ⓟ有 ‼JR福井站搭京福巴士往福井工大方向15分，照手町下車即到

稍微走遠一些／福井的美食

福井縣民的平均壽命一直位居日本前幾名，長壽的秘訣或許就隱藏在飲食生活中？

彷彿古老傳說中的世界
五箇山 & 白川鄉

還保留古老日本原始風景的世界遺產，五箇山 & 白川鄉。
合掌屋聚落散佈在深邃山谷間的風景，
就像是日本古老傳說中的世界般。

整個繞上一圈 240分

建議出遊的時段

參觀的焦點是如今還有人居住的合掌屋構造以及古樸的山村風景。開車的話可走東海北陸自動車道享受舒適的兜風樂趣。紅葉季節雖然漂亮、但人多較擁擠。白雪皚皚下的村莊景色也相當迷人。

1 被積雪營造出單一色調的相倉合掌屋聚落
2 能明顯感受四季變化的菅沼合掌屋聚落
3 古老的地爐

小·小·旅·程·提·案

1 東海北陸自動車道五箇山IC
12km15分 從金澤東IC上北陸自動車道，在小矢部JCT下轉東海北陸自動車道

2 相倉合掌屋聚落
6km10分 由於還有人居住，所以車輛請停在聚落入口的停車場再徒步進去參觀

3 村上家
6km10分 內部有公開的合掌屋，可參觀重要文化財的珍貴民宅

4 菅沼合掌屋聚落
3km5分 還完整保留山村生活型態的區域，能感受古樸的氛圍

5 岩瀨家
0.6km1分 參觀五箇山規模最大、地位最高的合掌屋建築

6 道の駅上平 ささら館
20Km30分 位於國道156號沿線上，是索取觀光導覽和道路資訊的便利場所

7 白川鄉合掌屋聚落
景點大多在方圓1.5km的範圍內，所以可步行慢慢遊逛

2 茅草屋頂綿延的鄉愁山村
相倉合掌屋聚落 世界遺產
あいのくらがっしょうづくりしゅうらく

還保留100~350年前建造、共23棟合掌屋的山間聚落。茅草屋頂讓人遙想古老的日本，也引發了旅人的鄉愁。

☎0763-66-2468 (五箇山綜合服務處) 〠富山縣南砺市相倉 Ｐ有 ‼東海北陸自動車道五箇山IC車程20分

3 300年歷史的風情家屋
村上家 國家指定重要文化財 むらかみけ

約300年前建造、已登錄為重要文化財的合掌造家屋。展示生活用具和硝石的製造道具等讓人感興趣的文物。若事先預約還可欣賞民謠（付費）。

☎0763-66-2711 〠富山縣南砺市上梨725 🕐8:30~17:00(12~3月9:00~16:00) 困週三(逢假日則開館) ￥300日圓 Ｐ有 ‼東海北陸自動車道五箇山IC車程7分

完全沒用到一根釘子和扒釘的建築

周邊圖◯P.99

袴腰山
菅沼4.
　相倉合掌屋聚落
高坪山
隧道道
上梨隧道
五箇山合掌屋聚落
156
3.村上家

五箇山
1.五箇山IC
5.岩瀬家
S 6.道之驛上平
　　ささら館

成出
人形山

158
三ヶ辻山

椿原
椿原水壩
有家原隧道
牛首峠

卒塔婆峠
白川鄉
7.白川鄉
　合掌屋聚落
基太之庄
飛驒隧道
鳩谷水壩
360
天生峠

請遵守參觀禮節
五箇山、白川鄉的聚落現在仍有人居住，因此請勿大聲喧嘩、踩踏農地，請確實遵守禮節。

4 還保留往昔風貌的9棟合掌屋

菅沼合掌屋聚落 [世界遺產]
すがぬまがっしょうづくりしゅうらく

現存9棟合掌造屋家，面積很小的一個聚落，還保留著濃厚的古老風情。

☎0763-66-2468(五箇山綜合服務處)
🏠富山縣南砺市菅沼 ℗有 🍴東海北陸自動車道五箇山IC車程5分

---

5 五箇山最大的合掌屋

岩瀨家 いわせけ

建築風格豪邁的宅邸

還保留書院造樣式的宴客廳、武士留守室等可一窺其崇高地位的世家建築，為五箇山當地規模最大者。並展有以前的農具和生活用具。是為重要文化財。

☎0763-67-3338 🏠富山縣南砺市西赤尾町857-1 🕐8:00～17:00 🈺無休 ¥300日圓 ℗有 🍴東海北陸自動車道五箇山IC車程3分

6 五箇山的飲食與文化齊聚一堂

道之驛上平 ささら館
みちのえきかみたいらささらかん

能品嘗岩魚壽司、五箇山豆腐、山菜蕎麥麵等當地特有的美味。五箇山特產赤蕪菁的醬菜和古代民謠筑子節中使用的樂器「ささら」等，都是頗受好評的伴手禮。

☎0763-67-3141
🏠富山縣南砺市西赤尾町72-1
🕐10:00～17:30(視店家而異)
🈺視店家而異
℗有
🍴東海北陸自動車道五箇山IC車程5分

受到好評的五箇山伴手禮「ささら」。

稍微走遠一些／五箇山&白川鄉

在合掌屋內享用午餐
基太之庄 きたのしょう

在250年歷史的合掌屋民宅裡，可品嘗使用朴葉味噌的料理等飛驒山間美味。

飛驒牛味噌牛排定食 2300日圓

☎05769-6-1506
🏠岐阜縣白川村荻町2671-1 🕐1月中旬～12月中旬、11:00～15:00(需確認) 🈺期間中不定休 ℗有 🍴東海北陸自動車道白川鄉IC車程10分

7 白山環繞的合掌聚落

白川鄉合掌屋聚落 [世界遺產]
しらかわどうがっしょうづくりしゅうらく

位於白川鄉的中心，共有114棟合掌家屋，規模很大。特徵是為了抵禦從山邊吹來的強風，所以大多數住家都會面朝同一方向。從展望台的眺望景色相當壯觀。

☎05769-6-1013(白川鄉觀光協會，9:00～17:00電話受理) 🏠岐阜縣白川村荻町 ℗有 🍴東海北陸自動車道白川鄉IC車程8分

坐擁大自然

因為人字型的屋頂就像是合掌的雙手稍微打開時的形狀，所以才被稱為「合掌屋」。

前往金澤的交通方式
利用鐵路或搭飛機都很方便

首都圈出發從羽田機場一飛就到；若從大阪、名古屋可搭JR北陸本線的特級列車直達金澤。從東京利用鐵路，先搭上越新幹線再轉乘特急「はくたか」是最有效率的方式。

※書中所述為2014年10月時的資訊。
2015年3月後可能有所變更。

北陸新幹線
2015年3月14日通車！
北陸新幹線的長野～金澤段於2015年3月14日正式通車。搭乘北陸新幹線，東京到金澤最快2小時28分即可抵達。有直達列車「かがやき」等4種。

從各地到金澤

若從東京出發，隨著2015年3月北陸新幹線開通，搭乘鐵路運輸也不需轉乘，約2小時半即可抵達，非常方便。交通上選擇也變多了。欲直接前往加賀溫泉鄉時，搭東海道新幹線經米原轉乘特急「しらさぎ」較快速。若從大阪、名古屋出發，特急列車則是1小時1班，當然是利用鐵路比較方便。

不妨利用優惠方案

抵達目的地前不繞道別處，以同路線往返的話，也可以選擇2人以上使用的旅行社優惠方案。「フリープラン」類行程是僅至達目的地的去回交通費、住宿費等的套裝方案，費用比個別預約要便宜很多。不妨上網確認看看。

出發地點	交通工具	路線	需時	價格
東京	✈🚌	**羽田機場**→JAL/ANA→**小松機場**→北陸鐵道巴士→**金澤站口**	1小時50分	26020日圓
	🚄🚌	**東京站**→上越新幹線とき→**越後湯澤站**→特急はくたか→**金澤站** ※2015年3月北陸新幹線通車後，可由東京直達金澤。	4小時5分	13050日圓
大阪	🚄	**大阪站**→特急サンダーバード→**金澤站**	2小時40分	7650日圓
名古屋	🚄	**名古屋站**→特急しらさぎ→**金澤站**	3小時5分	7330日圓
札幌	✈🚌	**新千歲機場**→ADO→**小松機場**→北陸鐵道巴士→**金澤站西口**	3小時5分	38130日圓
仙台	✈🚌	**仙台機場**→IBX→**小松機場**→北陸鐵道巴士→**金澤站西口**	2小時30分	32330日圓
福岡	✈🚌	**福岡機場**→ANA→**小松機場**→北陸鐵道巴士→**金澤站西口**	2小時35分	39730日圓
那霸	✈🚌	**那霸機場**→JTA→**小松機場**→北陸鐵道巴士→**金澤站西口**	3小時30分	46930日圓

往小松機場的飛機，另有成田起飛（IBX）的班次。

🚃 若從首都圈出發就買方便的北陸周遊券

也有這種車票

北陸自由乘車券 🎫東京都區內出發普通車廂用10800日圓（4日內有效）
首都圈到北陸地區的去回、自由區間內（右圖）的JR線皆可自由上下車。自由區間內，快速、普通列車的普通車廂自由座均可自由搭乘。例如，東京～富山間搭乘北陸急行去回時，一般車票為13820日圓，可省下3020日圓。

北陸觀光周遊券 🎫名古屋市內出發15430日圓（3日內有效）
名古屋至北陸地區的去回及自由區間套票。去回時可各利用單程1次的特急「しらさぎ」「ひだ」普通車廂指定座。請注意，旅客較多的旺季時無法使用。

北陸周遊券的區間

※若從京阪神、姬路出發，會有期間限定前往金澤、加賀的優惠車票。詳細情形請到JRJR售票處（みどりの口）洽詢。

洽詢處

飛機

ANA（全日空）
.... ☎0570-029-222

JAL（日本航空）
JTA（日本越洋航空）
.... ☎0570-025-071

ADO（北海道國際航空）
.... ☎0120-057-333

IBX（IBEX航空）
.... ☎0120-686-009

鐵道

JR East電話服務
.... ☎050-2016-1603

JR東東海電話中心
.... ☎050-3772-3910

JR西日本客服中心
.... ☎0570-00-2486

JR西日本北陸服務中心
.... ☎076-251-5655

巴士

北陸鐵道電話服務中心
.... ☎076-237-5115

■ 小松機場聯絡巴士
（到金澤站單程1130日圓／配合航班時間行駛）

從小松機場到金澤站的聯絡巴士，除了直達車站的Super特急便（需時40分）外，還有行經片町・香林坊・武藏ヶ辻的班次（需時66分）。

co-Trip推薦 可使用手機的網站

國內線.com（日文網站）
可以檢索、購買日本國內航空公司的路線
http://m.kokunaisen.com（智慧型手機）
http://www.kokunaisen.com/（PC）

駅探（日文網站）
可以檢索飛機和電車的時刻、票價
http://mb.ekitan.com/（智慧型手機）http://1069.jp/（手機）
http://ekitan.com/（PC）

靈活運用飛機的折扣機票

航空公司都會提供像是購買雙程票，或是早鳥票、特定班次機票等的折扣票種。活用每家航空公司都會推出的折扣機票制度，享受一趟低廉的空中之旅吧。

若要利用能登機場

羽田機場每天會有2個班次發抵。能登地區的移動則搭路線巴士或家鄉計程車（900日圓～需預約）比較方便。
家鄉計程車的洽詢方式請參照下列。

輪島・穴水方面／港タクシー .... ☎0768-22-2360
能登町方面／めだか交通 .... ☎0768-76-0069
珠洲方面／スズ交通 .... ☎0768-82-1221
七尾・和倉・中能登方面／中島タクシー ... ☎0767-66-0114
羽咋・志賀・寶達志水方面／能登金剛交通 .. ☎0767-42-2700

金澤市內的移動
以巴士＆徒步為主

金澤的主要景點幾乎都在巴士或步行可及的範圍內，先大概掌握市內的巴士路線和幾條大馬路的位置即可。就算搭計程車，距離也不至於太遠，不用擔心。

金澤觀光時還可利用這些巴士

北陸鐵道經營的市內周遊巴士
城下町金澤周遊

金澤站東口發抵，分別有命名為「犀星」「鏡花」「秋聲」的3種復古巴士行駛。白天每隔12分鐘就有1班車，相當方便搭乘。也發售有不限次數搭乘的1日乘車券。

車資	與乘車區間無關搭乘1次200日圓
1日乘車券	城下町金澤周遊巴士1日自由乘車券500日圓
洽詢處	北陸鐵道電話服務中心☎076-237-5115

若要享受金澤的夜晚風情就搭這個
金澤夜間巴士

金澤站東口發抵。原則上於週六晚間每隔10分行駛（還有特別運行日），但12月29日～1月3日期間停駛。

車資	與乘車區間無關搭乘1次200日圓
1日乘車券	夜間巴士專用周遊乘車券300日圓
洽詢處	金澤市觀光交流課☎076-220-2194 北陸鐵道電話服務中心☎076-237-5115

周遊乘車券相當划算

城下町金澤周遊1日乘車券僅500日圓即可在1日內不限次數搭乘，所以只要搭超過3次就回本了。還可享金澤市內觀光設施的門票優惠，相當划算。另外也還有其他的周遊乘車券（詳細情形請參照末頁的附錄）。

100日圓即可直達兼六園
兼六園Shuttle

正如其名，可直達兼六園的巴士。週六、日、假日只需100日圓的車資就能輕鬆搭乘的這點很吸引人，平日則需200日圓。前往香林坊也很方便。

車資	與乘車區間無關搭乘1次週六、日、假日100日圓、平日200日圓
1日乘車券	城下町金澤周遊巴士1日自由乘車券500日圓
洽詢處	北陸鐵道電話服務中心☎076-237-5115

週六・日、假日若要前往香林坊
市街巴士

別名「金澤購物線」。週末、假日若要從金澤站前往香林坊搭此巴士就很方便，也會行經金澤21世紀美術館和兼六園。

車資	與乘車區間無關搭乘1次100日圓
1日乘車券	無
洽詢處	西日本JR巴士金澤營業所☎076-231-1783

市內中心區區內搭乘1次200～230日圓
北陸鐵道路線巴士

幾乎涵蓋金澤市內全部區域，採用中心區範圍內以均一車資即可搭乘的「地帶制區間」。地帶制區間的車資為200～230日圓。

車資	搭乘1次200日圓～（視乘車區間而變動）
1日乘車券	城下町金澤周遊巴士1日自由乘車券500日圓（僅限於200日圓以下的地帶制區間）
洽詢處	北陸鐵道電話服務中心☎076-237-5115

這些巴士也很方便

若要繞行一周熱門景點的話
定期觀光巴士

只要搭上車，接下來巴士就會一路行駛到各個熱門景點，所以既輕鬆又愜意。預約、洽詢請聯絡北陸鐵道預約中心☎0076-234-0123。

行程名	所需費用	費用	路線
上午路線	4小時10分	2500日圓	金澤站東口發車8:30→東茶屋街→天德院→長町武家宅邸遺址→兼六園周邊區域→抵達金澤站東口12:50
下午路線	4小時10分	2500日圓	金澤站東口發車13:25→東茶屋街→兼六園周邊區域→天德院→長町武家宅邸遺址→抵達金澤站東口17:35

※行駛期間1/4～12/28

不需候車、也不怕塞車可一路暢行
租賃自行車 ☞ P.14

●JR金澤站自行車租借站
☎076-261-1721（JR金澤站行李中心）
⏱8:00～20:30　¥1小時200日圓，之後每小時200日圓，6小時以上1200日圓
休無休

●北鐵自行車租借站
（ニッポンレンタカー金沢営業所）
☎076-264-0919（不提供電話預約）
⏱8:00～19:00（冬天～17:00）
¥首乘1小時200日圓，之後每小時140日圓～，1天（6小時以上）900日圓～
休無休

想要小團體自由自在地觀光
觀光計程車

若事先告知需求也可搭計程車巡訪自己想去的景點，費用則依照行程、所需時間和車種而異。金澤站東口就有計程車的服務中心。
☎076-231-4131（石川交通）

※此外，也有市民常利用的「金沢ふらっと巴士」，共5條路線繞行市內。
※兼六園Shuttle至2015年3月31日為止每日行駛。

巴士路線MAP

1:19,000

正上方為北方

※2013年10月時

| 城下町金澤周遊 |
| 金澤夜間巴士(週六與特定日行駛) |
| 兼六園Shuttle |
| 市街巴士(僅週六・日・假日行駛) |
| 01 系統號碼(路線巴士) |
| 3分 路線巴士・區間所需時間 |
| 路線巴士車資‧‧‧‧200日圓～ |

約8分
0.4km

0.3km 6分
步行距離和所需時間
步行區間・區間景點

金澤前往北陸各地
可利用JR和搭乘特急巴士

以金澤為基點，有JR特急和特急巴士行駛。
若要前往加賀溫泉鄉、福井方面可搭JR特急到加賀溫泉站、福井站。
往能登方面的話，除了JR也會行經的和倉溫泉以外搭特急巴士會比較方便。

從金澤前往各地區

前往加賀溫泉鄉的各個溫泉，以JR加賀溫泉站為基點利用路線巴士最方便。前往東尋坊‧永平寺，可利用以福井站為起點的越前鐵道，或是以蘆原溫泉站為基點的路線巴士。往能登方面的話，可搭往和倉溫泉及輪島等方向的特急巴士。

目的地	交通工具	路線	所需	價格
湯涌溫泉	巴士	**金澤站（東口）**→北陸鐵道（北鐵）巴士→**湯涌溫泉**	45～55分	600日圓
粟津溫泉	鐵道	**金澤站**→特急サンダーバード等→**小松站**→小松巴士→**粟津溫泉**	1小時30分	2220日圓
片山津溫泉	鐵道	**金澤站**→特急サンダーバード等→**加賀溫泉站**→計程車→**片山津溫泉**	40分	2030日圓+計程車費
山代溫泉	鐵道	**金澤站**→特急サンダーバード等→**加賀溫泉站**→加賀溫泉巴士→**山代溫泉**	1小時10分	2280日圓
山中溫泉	鐵道	**金澤站**→特急サンダーバード等→**加賀溫泉站**→加賀溫泉巴士→**山中溫泉**	1小時25分	2450日圓
和倉溫泉	鐵道	**金澤站**→特急サンダーバード等（1天6班）→**和倉溫泉站**→北鐵能登巴士→**和倉溫泉**	1小時35分	2980日圓
	巴士	**金澤站東口**→特急巴士（北鐵能登巴士）→**和倉溫泉**（1天2班）	1小時41分	1400日圓
輪島	巴士	**金澤站東口**→特急巴士（北鐵奧能登巴士）→**輪島ふらっと訪夢**	2小時2～16分	2260日圓
福井	鐵道	**金澤站**→特急サンダーバード等→**福井站**	50分	3020日圓
東尋坊	鐵道	**金澤站**→特急サンダーバード等→**蘆原溫泉站**→京福巴士→**東尋坊**	1小時50分	3420日圓
永平寺	鐵道	**金澤站**→特急サンダーバード等→**蘆原溫泉站**→京福巴士→**永平寺**（京福巴士1天4班）	2小時10分	3780日圓
	鐵道	**金澤站**→特急サンダーバード等→**福井站**→京福巴士→**永平寺門前**（京福巴士1天6班）	2小時10分	3740日圓
白川鄉	巴士	**金澤站**→高速巴士（北陸鐵道巴士‧濃飛巴士）→**白川鄉**（1天3班）	1時15分	1850日圓

符號說明 🚃 鐵道　🚌 巴士　　　　　　　　　　　　　　　※僅註明週六‧日、假日時1天有10班以下的班次數。

還有這樣的周遊巴士

觀光加賀溫泉鄉搭CAN BUS也很方便

CAN BUS 💴1日券1000日圓、2日券1200日圓

JR加賀溫泉站為起點，繞行山代溫泉、湯之國之森等地後返回車站的「環山線」白天1小時1～2班；同樣以JR加賀溫泉站為起點，繞行大聖寺、橋立方面。片山津溫泉後返回車站的「環海線」是白天1～1小時半1班；開往小松機場的班次則1天有5班行駛。乘車券可在巴士車內及加盟旅館的櫃台購買。

洽詢處為まちづくり加賀（☎0761-72-7777）。

巴士公司的洽詢處

北陸鐵道電話服務中心
（含集團旗下公司）‧ ☎076-237-5115
小松巴士 ‧‧‧‧‧‧‧‧ ☎0761-22-3721
加賀溫泉巴士 ‧‧‧‧‧ ☎0761-73-5070
北鐵能登巴士 ‧‧‧‧‧ ☎0767-52-9770

北鐵奧能登巴士 ‧‧‧ ☎0768-22-2311
北陸鐵道預約中心（金澤～白川郷）
‧‧‧‧‧‧‧‧‧‧‧‧‧‧‧ ☎076-234-0123
濃飛巴士（金澤～白川郷）
‧‧‧‧‧‧‧‧‧‧‧‧‧‧‧ ☎0577-32-1688
京福巴士 ‧‧‧‧‧‧‧‧ ☎0776-54-5171

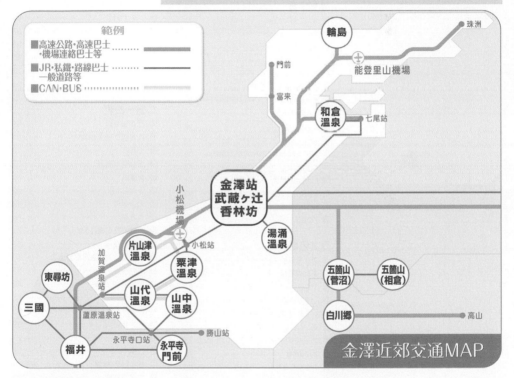

範例
■高速公路‧高速巴士‧機場連絡巴士等
■JR‧私鐵‧路線巴士一般道路等
■CAN‧BUS

珠洲
輪島
門前
能登里山機場
富来
和倉溫泉
七尾站
金澤站武蔵ヶ辻香林坊
小松機場
湯涌溫泉
片山津溫泉
小松站
加賀溫泉站
粟津溫泉
五箇山（菅沼）
五箇山（相倉）
東尋坊
山代溫泉
山中溫泉
三國
蘆原溫泉站
白川郷
高山
勝山站
福井
永平寺口站
永平寺門前

金澤近郊交通MAP

利用定期觀光巴士也很方便

●金澤站出發「わじま號」 北陸鐵道預約中心☎076-234-0123
金澤站出發後先直達輪島，接著造訪朝市、巖門、千里濱渚海濱公路等景點。會安排在巖門享用附送的午餐。每日行駛。

●和倉溫泉出發「あさいち號」 北陸鐵道預約中心☎076-234-0123
和倉溫泉早上發車後前往輪島，造訪朝市、漆器會館、增穗浦、巖門、妙成寺、千里濱渚海濱公路等景點，最後返回金澤站。每日行駛。

●加賀溫泉出發「東尋坊‧永平寺觀光」
加賀溫泉巴士☎0761-73-5070

從山中溫泉‧山代溫泉‧片山津溫泉‧加賀溫泉站出發，造訪東尋坊、永平寺等景點後返回福井站。原則上週六‧日‧一、假日運行。
※除此之外，還有和倉溫泉發抵的定期觀光巴士以及配合能登機場航班時間發抵、巡訪奧能登的定期觀光巴士。詳細情形請洽北陸鐵道預約中心（☎076-234-0123）。

還有從山中溫泉出發、前往永平寺觀光相當方便的「永平寺おでかけ號」。洽詢處為山中溫泉觀光協會（☎0761-78-0330）。

金澤

Ⓣ 主要景點　Ⓡ 餐廳　Ⓒ 咖啡廳　Ⓢ 商店　Ⓗ 飯店

金澤周邊的溫泉

日文假名

二劃～五劃

六劃～九劃

十劃以上

index

Ⓣ 主要景點　Ⓡ 餐廳　Ⓒ 咖啡廳　Ⓢ 商店　Ⓗ 飯店

ことりっぷ co-Trip 小伴旅

金澤 北陸

【 co-Trip日本系列22 】

金澤小伴旅

作者／MAPPLE 昭文社編輯部
翻譯／許懷文
校對／廉凱評
發行人／周元白
製版印刷／長城製版印刷股份有限公司
出版者／人人出版股份有限公司
地址／ 23145新北市新店區寶橋路235巷
6弄6號7樓
電話／（02）2918-3366（代表號）
傳真／（02）2914-0000
網址／www.jjp.com.tw

郵政劃撥帳號／
16402311人人出版股份有限公司

經銷商
聯合發行股份有限公司
電話／（02）2917-8022

第一版第一刷／2015年2月
第一版第三刷／2016年8月
定價／新台幣300元

co-Trip　KANAZAWA ことりっぷ金沢 北陸
Copyright © Shobunsha Publications, Inc. 2014
All rights reserved.
First original Japanese edition published by
Shobunsha Publications, Inc. Japan
Chinese（in traditional characters only）
translation rights arranged with Jen Jen
Publishing Co., Ltd.
through CREEK & RIVER Co., Ltd.

●本書提供的，是2014年10月的資訊。由於資訊可能有所變更，要利用時請務必先行確認，因日本調高消費稅，各項金額可能有所變更；部分公司行號可能標示不含稅的價格。此外，因為本書中提供的內容而產生糾紛和損失時，本公司礙難賠償，敬請事先理解後使用本書。
●電話號碼提供的都是各設施的詢問電話，因此可能會出現非當地號碼的情況。因此使用衛星導航等設備查詢地圖時，可能會出現和實際不同的位置，敬請注意。
●各種費用部分，入場券部分的標示以大人的票價為基準。
●開館時間、營業時間，以到停止入館的時間之間，或是到最後點餐時間之間為基準。
●不營業的日期，只標示公休日，不包含臨時停業或盂蘭盆節和過年期間的休假。
●住宿費用的標示，是淡季平日2人1房入宿時的1人份費用。但是部分飯店，也可能房間為單位來標示。
●交通標示出來的是主要交通工具的參考所需時間。
●本文內詢問處基本上使用的語言是日文，請注意。

●本書掲載の地図について
この地図の作成に当たっては、国土地理院長の承認を得て、同院発行の1万分1 地形図　2万5千分1地形図　5万分1地形図　20万分1 地勢図　100万分1 日本、50万分1_地方図、数値地図(国土基本情報)電子国土基本図(地図情報)、数値地図(国土基本情報)電子国土基本図(地名情報)、数値地図(国土基本情報)基盤地図情報(数値標高モデル)、電子地形図25000及び基盤地図情報を使用した。（承認番号 平25情使、第1006-153975号　平25情 使、第1007-153975号　平25情 使、第1008-153975号 平25情使、第1009-153975号　平25情 使、第1018-153975号）

●著作權所有　翻印必究●
※本書內頁紙張採教榮紙業進口日本王子70g自然白松厚紙

國家圖書館出版品預行編目(CIP)資料

金澤.北陸小伴旅 / MAPPLE昭文社編輯
部作；許懷文譯. -- 第一版.
-- 新北市：人人, 2015.2
面；　公分. --（co-Trip日本系列；22）
ISBN 978-986-5903-76-3(平裝)

1.旅遊 2.日本石川縣
731.7349　　　　　　　103026637

LLM